下野の中世社会

現代との比較で知るその特質

下野の中世社会

現代との比較で知るその特質

目次

第二部　中世と現代

序にかえて
—本書の構成と各章の概要—

一　中世という時代とその社会

本書で取り扱う中世という時代は、十一世紀末期の平安時代院政期から鎌倉・南北朝・室町・戦国時代を経て豊臣秀吉が天下を統一する十六世紀末期までの約五〇〇年間である。中世という時代の主役は武士である。それ以前の時代の主役は天皇や天皇に仕えていた公家、及び天皇や公家と結びついていた寺社である。前代の主役である天皇や公家・寺社は鎌倉幕府の成立や承久の乱で勢力を弱めながらも畿内を中心に勢力を維持していく。中世、こうした武士や天皇・公家・寺社を支えていた経済的な基盤が、足利荘・小山荘（寒河御厨とも）・那須荘などの荘園や、国府郡・犬飼郡・東真壁郡などの中世的な郡、日向野郷・阿曽沼郷などの中世的な郷といった国衙領（公領）である。荘園と国衙領（公領）からなる中世の土地制度は荘園公領制と呼ばれている。荘園公領制は院政期に成立し、変容を遂げながらも中世を通じて存続し、豊臣秀吉の太閤検地で終焉を迎える。その意味では、中世という時代を院政期から豊臣秀吉の天下統一までの時期とする時代区分は、中世の土地制度に基づく時代区分と言えよう。

ところで、中世社会の歴史的特質は何だったであろうか。今まで述べてきた荘園公領制という土地制度も中世社会の特質の一つと言える。中世という時代の主役が武士で、鎌倉幕府の将軍と家臣である御家人との関係のように、土地（所領）の給与や安堵（領有の保証）を通じて結ばれた「御恩」と「奉公」からなる主従関係が形成されたことも特質の一つと言える。その他、

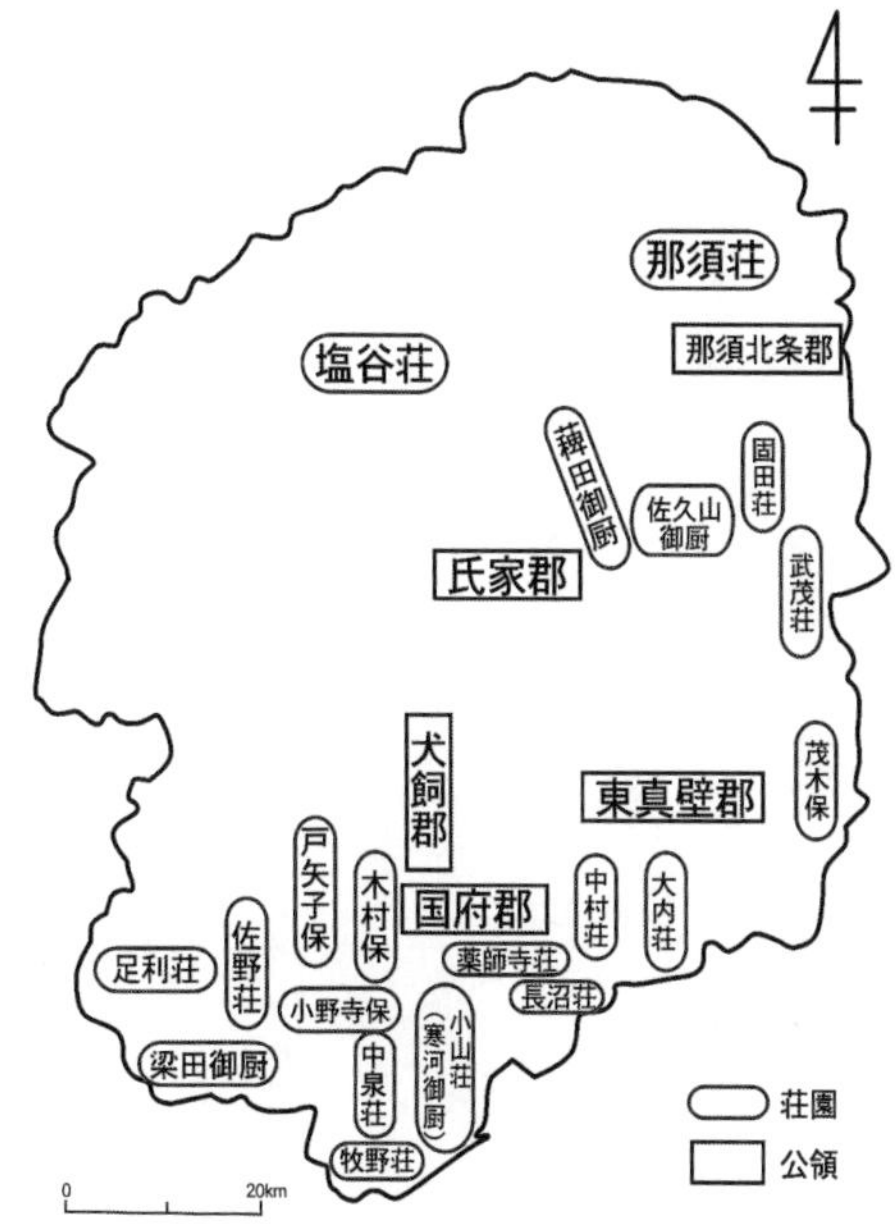

那須荘
那須北条郡
塩谷荘
蒲田御厨
固田荘
佐久山御厨
氏家郡
武茂荘
犬飼郡
茂木保
東真壁郡
戸矢子保
木村保
中村荘
大内荘
国府郡
佐野荘
足利荘
薬師寺荘
長沼荘
小野寺保
小山荘（寒河御厨）
梁田御厨
中泉荘
牧野荘
荘園
公領
0
20km

中世下野の主な荘園と国衙領（公領）

権力の分権性、自力救済の考え方、信仰心の篤さ、多様性、戦乱・災害・疫病・飢饉に見舞われたことなども中世社会の特質である。

本書の第一部では、下野を中心とした中世史料から指摘できる中世社会の歴史的な特質について考察した論考を載せた。読者の方々には先学により指摘されている中世社会の歴史的な特質が、下野を中心とした史料からも指摘できることをご理解いただければ幸いである。第二部では、第一部で指摘したことを踏まえ、中世社会と現代社会を比較した論考を載せた。中世という時代の出来事や歴史的な特質を過去のもの、終わってしまったものとして捉えるのではなく、現代及び未来の人々に役に立てることができればという願いから載せたささやかな論考である。

次節では本書の構成と各章の概要を記す。

二　本書の構成と各章の概要

第一部　下野の中世社会の特質

第一章「中世は地方分権な社会だった―地頭と戦国期権力から―」は、鎌倉時代下野の地頭御家人小山氏と戦国時代下野の戦国期権力宇都宮氏を通して、鎌倉時代・戦国時代が地方分権の社会であったことを明らかにした論考である。さらに、敷衍して南北朝内乱期及び室町時代も鎌倉時代や戦国時代同様地方分権な社会であったことを指摘した。

第二章「中世は自力救済と弱肉強食の社会だった―室町時代応永期長沼義秀の長沼荘回復を通して―」は、中世の歴史的な特質である自力救済や弱肉強食の視点で室町時代応永期の長沼義秀による長沼荘の回復について考察した論考である。

第三章「戦国・近世初期の武将たちの信仰心は篤かった―「佐八文書」を通して―」は、戦国時代から近世初期の武将たちの信仰心について、伊勢内宮御師文書である「佐八文書」を通して現代人との比較で考察した論考である。戦国時代から近世初期の武将たちの方が現代人より信仰心が篤かったこと、及び戦国時代から近世初期の武将たちが家を重視していたため、「武運長久」・「家門繁昌」・「子孫繁昌（繁栄）」が祈願事項として多かったことなどを指摘した。更には、困難な状況に陥った場合、戦国・近世初期の武将たちも現代人も神仏に救済を求める心情は変わらず同じであったことを述べた。

第四章「中世は多様性の社会だった―下野板碑の様相から―」は、栃木県内で見られる中世に造立された石製の塔婆である板碑について、その様相を概観した論考である。数量的に一番多いのが県の南西部から南部を中心に見られる、荒川上流域の埼玉県秩父郡長瀞地域や入間川に合流する槻川沿いの同県比企郡小川地域で産出される緑泥片岩を使った武蔵型板碑である。しかし、県内には武蔵型板碑の他に、各地の山石や川石を使った那須型・さくら型・八溝型・

足利型など多様な非武蔵型板碑も見られたことを指摘した。中世人は柔軟で多様性があり、自然環境や財力などを考慮し、入手しやすい山石や川石を使い板碑を造立していたことを述べた。

第五章「ひとつではなかった戦国武将の名前」は、戦国武将の名前を論じた論考である。戦国武将の家の男の子は、生まれると幼名をつけられ、元服すると仮名と実名をつけられた。その後社会的な身分が上昇すると官途名や受領名を名乗るようになった。さらに、仏門に入ると法名を名乗った。戦国武将は現代人と違い一人でいくつも名前を持っていたことを指摘した。

第六章「戦国時代の女性の名前―大庵寺「念仏日記」を通して―」は、佐野市犬伏下町の大庵寺が所蔵している「念仏日記」を通して武家や土豪の家の女性名について考察した論考である。戦国時代の武家や土豪の家の女性は基本的に幼名（童名）のままで生涯を過ごしたと考えられること。成人女性によっては、ある程度の年齢に達し、仏門に入り法名を名乗った者もいたというのが当時の実情であったこと。さらには、彼女たちが、第三者から「男性名＋母・上・内方・妻女・内女・女」で呼ばれていたこと、及び第三者の呼称からは、彼女たちが家長である男性当主を中心とした家の構成員の一人として見られていたことを物語っていると指摘した。

第二部　中世と現代

第七章「中世法から見た現代社会―「宇都宮家弘安式条」と「結城氏新法度」から―」は、

下野宇都宮氏の武家法「宇都宮家弘安式条」と北下総結城氏の武家家法（分国法）「結城氏新法度」を素材として、中世社会と現代社会を比較し異なる項目と、現代社会に踏襲され現代社会と考え方の面で共通性が見出せる項目に分け考察した論考である。現代人の中には、「宇都宮家弘安式条」と「結城氏新法度」を過去の歴史的遺産に過ぎず、現代社会に通用するものがないと考えている人がいるかもしれない。しかし、この論考の考察を通して、中世法には現代には通じない中世独特の考え方と現代にも引き継がれている考え方が記されていることを指摘した。

第八章「戦国時代から考える現代日本の原則と国民の義務—下野を中心とした史料から—」は、下野を中心とした戦国時代の史料を通して、日本国憲法の三原則及び三大義務について、戦国時代の社会と現代社会との比較から異同及び現代に通じるものなどを考察した論考である。ここでは、戦国時代固有の歴史的な特質があることを述べるとともに、戦国時代の歴史的な特質で現代に通じる特質があることも指摘した。

第九章「戦国・近世初期の前・元当主と現当主との関係—下野の那須・大関・小山氏を通して—」は、戦国・近世初期の武家権力の前当主と現当主との関係ないし元当主と現当主との関係について、比較的史料の残存状況の良い下野の那須・大関・小山氏を通して考察した論考である。ここでは、この論考で明らかにしたことを踏まえ、戦国・近世初期武家権力の家の家督の交替と現代企業の経営陣の交替から指摘できることを述べた。

第十章「改易に学ぶ歴史—小山秀綱後室・那須資晴・宇都宮国綱を通して—」は、豊臣秀吉により改易に処せられた小山秀綱後室・那須資晴・宇都宮国綱の失敗行動を考察した論考である。ここでは、歴史を学ぶことによって過去の人々の失敗や成功の事例を体験し、自己の生活に活かしていくことができることを指摘した。

本書のおわりに

ここでは、第一部と第二部の論考を総括し、現代及び未来に生きる人々に生きる術(すべ)を提示する、生活に役立つ歴史学の重要性を推奨した。

以上である。

第一部

下野の中世社会の特質

第一章　中世は地方分権な社会だった
―地頭と戦国期権力から―

はじめに

筆者は、中世社会の歴史的な特質というと、自力救済・信仰心の篤さ・多様性などを思い浮かべる。本章では、その他中世社会の特質の一つである地方分権について、鎌倉時代下野の地頭御家人小山氏と戦国時代下野の戦国期権力宇都宮氏を通して考察してみたい。

なお、以下考察に際しては、筆者や諸先学の研究成果を踏まえ進めていく。

一　鎌倉時代の地頭御家人小山氏

中世人に現代の地方行政区画である栃木県・東京都・京都府・北海道などと言ってわかる人がいるであろうか。北海道は古代以来の五畿七道の流れをくむ東海道などの「道」のつく呼称なので理解できる人がいるかもしれない。逆に、現代人に中世の土地制度である足利荘・小山荘（寒河御厨とも、御厨は伊勢神宮の荘園のこと）・那須荘、東真壁郡・国府郡などと言われてすぐにわかる人も少ないであろう。ともかく、現代も含め該当する時代に生きていた、または生きている人にとって当たり前に理解できる地方行政区画や土地制度、他の時代から見ると理解しづらい。

中世の土地制度は荘園公領制と呼ばれている。中世の一国の土地台帳である大田文を見ると、荘園と公領（国衙領とも）が半々ずつ記載されているからである。

中世に入ると、土地制度の面では古代の律令制の郡郷が解体し、足利荘・佐野荘・小山荘（寒河御厨）など中央の上皇（院）や有力な公家・寺社などの大規模私有地である荘園、さらには国府郡・犬飼郡・東真壁郡などの中世的な郡、日向野郷・阿曽沼郷などの中世的な郷ができてくる。こうした荘園や中世的な郡郷は、院政期、早くて十一世紀後半、多くは十二世紀に入ってから成立したと考えられる。これら荘園や公領の現地の管理・支配者が地頭である。地頭は、荘園の農民からは年貢を、公領の農民からは官物を、それぞれ農民が所有する土地に応じて徴収し、荘園の場合は所有する中央の上皇（院）や有力な公家・寺社などに納め、公領の場合は国衙に納めた。地頭はその他荘園や公領の土地の管理や治安維持などを行なった。地頭はその報酬として、初めは田地一反当たり五升の兵糧米を徴収する権利を、その後承久三年（一二二一）の承久の乱後に置かれた新補地頭の場合は、田畠十一町ごとに一町の田畠を地頭給田として与

秀郷流末孫武将画像「小山下野守朝政画像」
（森戸果香氏画、栃木県立博物館所蔵）

えられ、年貢徴収に伴い一反当たり五升の加徴米（付け加えられて徴収できる米）を与えられた。

第一節では、具体的に下野南部小山荘（寒河御厨）の地頭御家人小山氏の職務（任務、仕事）を通して見ていく。小山荘（寒河御厨）は、この地域の開発領主で小山氏の始祖である小山政光が平安時代後期十二世紀一一六〇年代に後白河院（後白河上皇）に対し自己の私領（小山の地）を寄進し、後白河院を上級領主とする院領荘園として成立したことに因み小山荘と呼ばれる。

その後、平安時代後期永万二年（一一六六）に後白河院の院庁下文が出され、小山荘は伊勢の二宮（内宮と外宮、伊勢神宮のこと）に「長日御幣」すなわちこれから先長い日々に亘って神前にお供えする幣束を用意し進上する荘園として寄進され、伊勢神宮の荘園となる。「小山」に代わるこの地域全体を示す地名として、小山荘内に古代の「寒河（寒川）郡」域の一部が含まれていることより、小山荘に代わって郡名「寒河」を冠した御厨名がふさわしいと考えたためであろうか、寒河御厨と名付けられ再出発する。ともかく、小山氏は、寒河御厨（小山荘）内から幣束用の紙を集め伊勢の二宮に進納していたと言えよう。

ここでは、鎌倉時代小山氏が本拠地の寒河御厨内でどのような職務（任務、仕事）をしていたかがうかがえる史料を提示する。なお、以下引用史料は読み下し文にして提示することを断り書きしておく。

【史料1】「神鳳抄」

二宮御領　百八十丁

寒河御厨　建暦三年院庁御下文下さる。一向神領たり。

史料1の「神鳳抄」は、伊勢神宮（内宮と外宮）が持っていた御厨などの所領を各国別に書き上げたものである。記述内容は、嘉元年間（一三〇三～〇六）以前にさかのぼる可能性があるという（『新校群書類従』第一巻神祇部（全）〈名著普及会〉所収「神鳳抄」の解題）。提示した史料は、「神鳳抄」内の寒河御厨の部分を抜粋したものである。鎌倉時代、寒河御厨から伊勢神宮に進納する「上分物」（神宮へのお供え物、貢納物）のための田地が百八十丁〔町〕であったことがわかる。

ところで、こうした田地から神宮に進納する「上分物」の量はどのくらいであったろうか。

【史料2】「諸国御厨御園帳」

給人引付諸神領の事

合せて

伊勢国

…（中略）…

下野国

簗田御厨絹十疋・布十端。

寒河御厨長日御幣紙三百六十帖、雑紙、但し近年絹之を進らす。

…（中略）…

右、注進件の如し。

延元四年十月日　但し政所大夫注進し定むるなり。

史料2は、三重県伊勢市神宮文庫所蔵「諸国御厨御園帳」の抜粋である。「諸国御厨御園帳」は、南北朝の内乱期延元四年（一三三九）十月段階に伊勢神宮が持っていた諸国の御厨などの所領を書き上げたものである。延元四年段階、寒河御厨から伊勢神宮に進納される「上分物」は、神前に供えられる幣束用の紙「御幣紙三百六十帖」で、近年は絹で納められていると記されている。「上分物」（貢納物）は毎年伊勢神宮から雑掌と呼ばれていた役人が寒河御厨にやってきて、現地の実質的な支配者である地頭の協力を得て徴収し、伊勢神宮の禰宜庁に送られていた。小山氏が「上分物」徴収に関与していたことを推測させる史料があるので提示する。

【史料3】鎌倉公方足利持氏カ書下写（「松平基則氏所蔵文書」）

小山庄来本郷ならびに西御庄内富田郷・同庄下皆河郷等の事、知行せらるべき者なり。てへれば、神役・公役に於いては、先例に任せ、沙汰致さるべきの状、件の如し。

応永廿四年七月廿四日　（足利持氏カ）（花押影）

（小山満泰）左馬助殿

史料3は、室町幕府の東国統治機関である鎌倉府の長官鎌倉公方足利持氏が、応永二十四年（一四一七）七月二十四日付けで小山満泰に宛てた文書である。足利持氏は、小山満泰に対し、小山荘内来本郷（小山市黒本一帯）及び西御庄内富田郷（栃木市大平町富田一帯）・同荘内下皆河郷（栃木市大平町下皆川一帯）の知行（支配）を許可している。この文書で注目すべき箇所は、足利持氏が小山満泰に対して「神役・公役に於いては、先例に任せ、沙汰致さるべきの状」と述べた部分である。この文言からは、小山氏が鎌倉時代に伊勢神宮に「上分物」（神宮への貢納物）を徴収し進納していたことを推測させる。

時代が降り戦国時代の史料であるが、小山氏が鎌倉時代に伊勢神宮に「上分物」を納め、寒河御厨内を管理・支配していたことを推測させる史料があるので紹介する。

【史料4】小山高朝書状（「佐八文書」）

（端裏書）「天文四年」

（前略）そもそも当庄伊勢役の事相調へ、同じく御初尾百疋進納せしめ候。猶以って精誠仰する所に候。殊に近年の事は成長・政長両代に洞取り乱るゝ故、諸篇前々の如く之なく候。なかんづく只今の事は関東の将軍御親子の御間御各別について、当方御近辺の上、庄内悉く山野となり候。然りと雖も役銭等相調へ候。（中略）、恐々謹言。

（天文四年）極月八日　（小山）藤原高朝（花押）

謹上　佐八美濃守殿

史料4は、小山高朝が天文四年（一五三五）極月八日付けで伊勢内宮御師佐八美濃守に宛てた書状である。小山高朝は、佐八美濃守に対し、近年小山成長・政長の両代に「洞」（家中）が乱れたこと、最近は「関東の将軍御親子」（関東の上位権力である古河公方足利高基・晴氏父子）が「御各別」に抗争しあい、小山氏が両者の近辺にいた関係で領内が山野のようになってしまった。しかし、抗争が終結したためであろうか、「伊勢役銭」を調えた旨報じている。「伊勢役銭」は鎌倉時代に伊勢神宮に進納されていた「上分物」の流れを汲むものと思われる。

　この史料で興味深い箇所は「庄内悉く山野となり候。」である。この文言からは、鎌倉時代の小山氏が持っていた御厨内の土地の管理・支配権を推測させる。

　なお、小山高朝は、翌天文五年十一月二十七日付けで、寒河御厨と呼ばれていた時代に、伊勢二宮に「御幣」「御幣束」を納めていたことが連想される、小宅・島田などの小山領の郷村から伊勢役銭を徴収し、合計七十三貫八百二十五文を伊勢内宮御師の佐八掃部大夫に納める算用状（小山高朝伊勢役銭算用状写「佐八文書」、算用状は計算書や見積書のこと）を作成している。この算用状も、小山氏が寒河御厨時代に地頭として御厨内から伊勢神宮に進納する「上分物」を徴収し納めていたことを推測させる。

　次に、鎌倉時代の小山氏が治安維持にあたっていた史料があるので提示する。


【史料5】関東御教書写（「新編追加」）

奥大道の夜討・強盗の事、近年殊に蜂起の由その聞こえあり。これ偏に地頭・沙汰人等無沙汰の致す所なり。早く所領内の宿々に宿直人を居へ置き警固すべし。且は然るが如きの輩あらば、自領・他領を嫌わず、見聞隠すべからざるの由、住人等の起請文を召し取り、その沙汰を致さるべし。もし猶御下知の旨に背き緩怠せしめば、殊なる御沙汰あるべきの状、仰せに依り執達件の如し。

建長八年六月二日

(北条時頼)相模守判
(北条政村)陸奥守判

宇都宮
下野前司殿(泰綱)

小山出羽前司(長村)　阿波前司(薬師寺朝村)　周防五郎兵衛尉(塩谷)

…(中略)…

岩平次郎　矢古宇左衛門次郎

已上(いじょう)廿四人に之(これ)を下(くだ)さるる。同御教書。

史料5は、鎌倉幕府の執権北条時頼と連署（執権の補佐役）北条政村が、建長八年（一二五六）六月二日付けで将軍の意向を奉じる形で鎌倉・奥州往還の奥大道を所領内に持つ地頭御家人に宛て出した文書である。幕府は、所領内に奥大道が通る地頭御家人に対し、それぞれ所領内の奥大道の宿々に宿直人を置き、警固にあたるよう命じている。彼ら地頭御家人の中に小山長村の名が記されており、幕府から長村が寒河御厨を通る奥大道で生じる夜討・強盗に対する警固の責任者と見られていたことがわかる。長村が幕府から警固の責任者と見られていた理由として、長村が寒河御厨内で治安維持を図る警察権を持っていたことが指摘できる。

一般的に、鎌倉時代地頭御家人が自分の管理・支配する荘園や公領の治安維持、警察権を持っていたことは鎌倉幕府が制定した「御成敗式目」第三十二条によりうかがい知れる。史料を提示する。

【史料6】「御成敗式目」第三十二条

一、盗賊・悪党を所領内に隠し置く事
右、件の輩、風聞ありといへども露顕せざるによって断罪に能はず。（中略）また地頭等賊徒を隠し置くに至っては、同罪たるべきなり。まづ嫌疑の趣につきて地頭を鎌倉に召置き、かの国落居せざるの間は身暇を給ふべからず。（後略）

史料6は、盗賊や悪党を所領内に隠し置くことを禁止した法令である。盗賊・悪党という風聞だけで罪がはっきりしない場合には処罰してはいけない。地頭が賊徒をかくまった場合は賊徒と同罪にする。もしその疑いがあった場合は鎌倉で取り調べを行い、その期間中は地頭が国許に帰ることを禁止すると規定している。史料6からも、鎌倉時代地頭が荘園・公領の治安維持にあたっていたことがわかる。

以上、鎌倉時代の小山氏は、地頭として寒河御厨から「上分物」（貢納物）を徴収し伊勢神宮に進納することに関与していたこと、及び地頭として御厨内の夜討・強盗の取り締まりをしていたことを述べた。こうした小山氏の職務（任務、仕事）からは、寒河御厨が、小山氏があって存立していたことがうかがえる。その意味では、鎌倉時代の寒河御厨は小山氏を中心とした小世界であったことが指摘できる。鎌倉時代は、地方分権を歴史的な特質とする社会だったと言えよう。

鎌倉時代小山氏の惣領（当主）は、基本武家の都鎌倉に住んで鎌倉幕府に仕えていた。小山氏の邸宅は、鎌倉鶴岡八幡宮一の鳥居の北側「車大路」にあった（『吾妻鏡』安貞二年十月二十五日条・建長四年五月十七日条。現在も残る江戸時代前期に造られた鎌倉鶴岡八幡宮の一の鳥居の北側が「車大路」であったと思われる）。史料的な制約で、通常鎌倉にいた小山氏の惣領が寒河御厨をどのように管理・支配していたか、その具体像は不明である。推測するに、惣領自身が重要な行事や重大事があった際には赴いてきたこともあったと思われるが、小山氏が鎌倉幕府の歴史書である『吾妻鏡』に頻繁に出てくることを思うと、普通平時は一族や家臣を派遣し、鎌倉と本貫地寒河御厨とのネットワークで管理・支配にあたっていたと考えられる。

二　戦国時代の戦国期権力宇都宮氏

東国は、十五世紀中頃、室町幕府の東国統治機関である鎌倉府の長官鎌倉公方足利成氏が、鎌倉府の御所内で補佐役の関東管領上杉憲忠を殺害したことを契機に、室町幕府を巻き込み、鎌倉公方（後に古河公方）足利成氏派と室町幕府・関東管領上杉氏派に分かれ相争う享徳

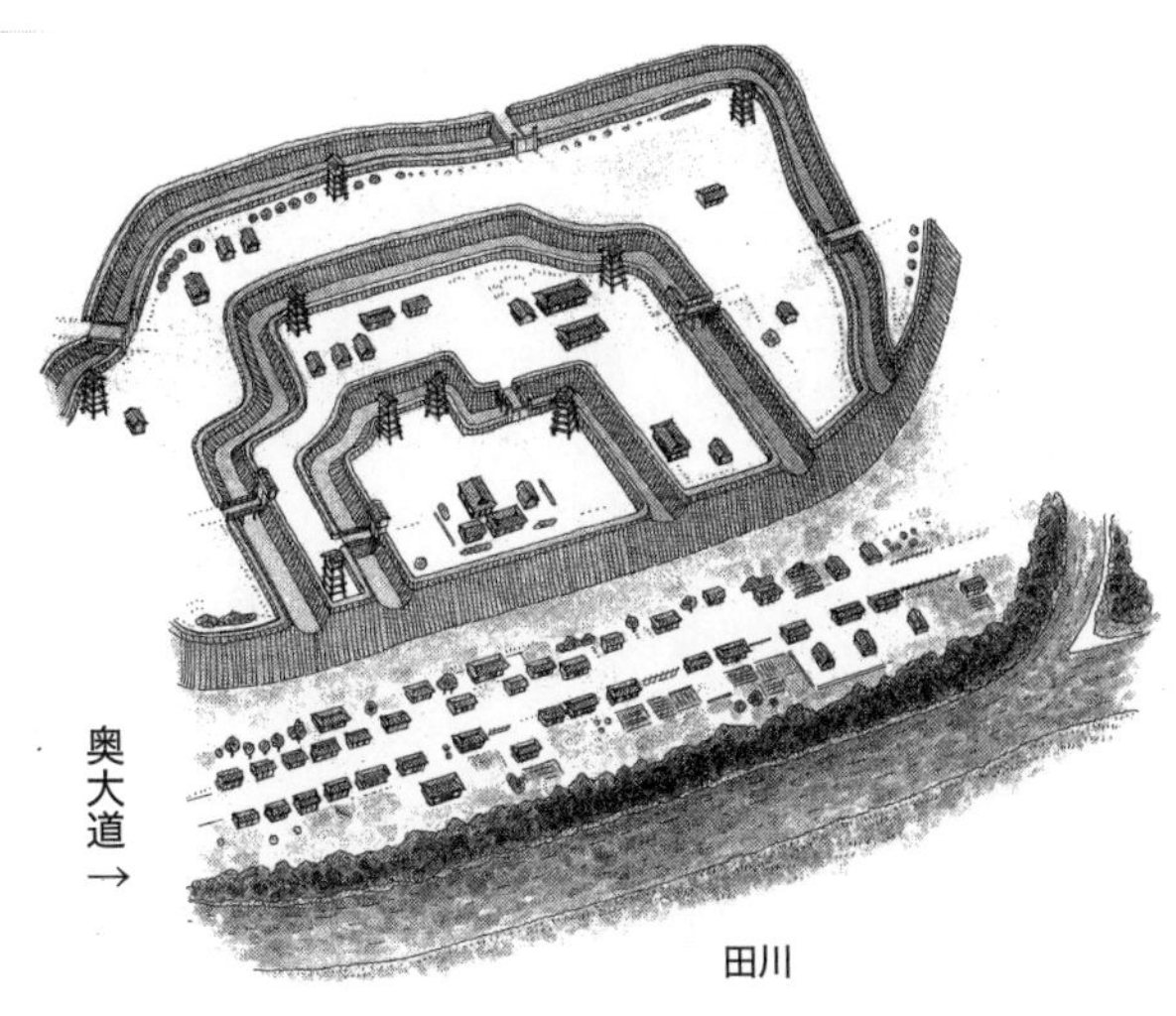

宇都宮城跡想定復元図
（今平利幸氏作図、宇都宮市教育委員会提供）

の乱が起きる。享徳の乱はその後約三十年続き、東国はこの内乱の過程で戦国的な様相を帯びていく。小山・結城・宇都宮・佐竹氏など有力な武家勢力は、室町時代までは通常鎌倉の地にいて鎌倉府を支えていた。しかし、彼らは内乱が長期化する中で鎌倉を離れ本拠地に戻っていく。本拠地に戻った彼らは、在地にいて力をつけていた武家勢力と競い合いながら、当主と一族・家臣との主従制的な家臣団組織である家中（かちゅう）（洞中（うつろちゅう）・屋裏（おくり）とも）を創り出し、交通上の要地にあった町場を掌握することができ、軍事行動の面でも便利な地に城郭を構え、一郡から数郡程度の領を一円的・排他的に支配する戦国期権力となり、領支配に専念していく。下野は、大きく見て北部から東部の那須氏、中央部から東南部の宇都宮氏、南部の小山氏、南西部の佐野氏が戦国時代の四大勢力となる。

第二節では、下野中央部から東南部の戦国期権力宇都宮氏と一族・家臣及び寺院との関係を通して考察していく。

A．一族・家臣との関係

まず、宇都宮氏当主と一族・家臣との関係を見ていく。宇都宮氏当主は家臣たちに所領を宛行（あてが）っていた。

【史料7】宇都宮興綱宛行状（おきつなあてがいじょう）（「太田松三郎氏所蔵文書」）

氏家郡の内大室（おおむろ）郷の事、向田（むかだ）左京介の跡（あと）として宛行（あてが）い候。嗜（たしなみ）以下油断あるべからず候。仍（よ）って状件（くだん）の如し。

大永八年戊子

四月廿八日　　（宇都宮）興綱（花押）

向田右衛門尉（むかだうえもんのじょう）殿

【史料8】宇都宮国綱（くにつな）宛行状写（「水府志料」二）

今度鹿沼の地へ忍び入り、坂田その外町中焼き破り候。粉骨比類なく候。この上なおかくの如く忠節に励まば、かの地本意に属するに於いては、一騎の跡、速やかに宛行うべく候状件の如し。

(天正十四年)卯月廿二日　　　　(宇都宮)国綱（花押影）

片庭清三郎殿

史料7は、宇都宮興綱が大永八年（一五二八）四月二十八日付けで向田右衛門尉に宛てた所領宛行状である。興綱は、向田右衛門尉に対し、向田左京介の旧領だった氏家郡内大室郷（日光市大室一帯）を宛行っている。向田左京介が興綱に逆らったためであろうか、収公（取り上げること）され、興綱は向田左京介の一族で興綱寄りの向田右衛門尉に宛行っている。この文書で興味深い箇所は「嗜以下油断あるべからず候。」である。興綱は、向田右衛門尉に対し、家臣としての覚悟・義務、すなわち軍役や納税を怠らないようにと釘をさしている。

史料8は、宇都宮国綱が天正十四年（一五八六）卯月（四月）二十二日付けで片庭清三郎に宛てた宛行状の写である。国綱は、常陸国笠間郡片庭の地（茨城県笠間市片庭一帯）の土豪片庭清三郎に対し、国綱が小田原北条方の壬生氏の本拠坂田山（鹿沼城、鹿沼市今宮町・西鹿沼町）やその城下を攻め焼き払った時の戦功を賞し、「一騎の跡」の宛行を約束している。因みに、「一騎の跡」は、下総結城氏の分国法「結城氏新法度」第六十六条によれば、年貢にして十貫文から十五貫文未満程度を徴収できる土地である。

宇都宮氏の場合、戦国時代小田原の北条氏のように領地を大きく拡大させることができなかった。宇都宮氏は、家臣からの戦功に伴う恩賞要求に応え、家臣との主従関係を強固なものとするために、官途名（律令制の官職名）や受領名（国司名）を与えた。家臣たちも官途・受領名を名乗ることによって、宇都宮家中における地位を向上させることができた。とりわけ郷村や町場に住んでいた土豪クラスの家臣たちは、「〜助」や「〜守」を名乗ることによって郷村や町場に住む人々に対し、優位を示す家格の標識となり威圧を加えることができた。

なお、武家の官途・受領は、本来室町幕府の推挙をうけて天皇が口宣案という文書で出すものであった。ところが、室町幕府の権威が低下するなかで、各地の戦国大名や戦国期権力が独自に自分の裁量で配下の一族・家臣に官途・受領名を官途状・受領状をもって与えるようになる。宇都宮氏の事例を見てみる。

【史料9】宇都宮広綱官途状（「塩谷文書」）

この度鹿沼の地へ動を成し候ところ、粉骨を抽んじ相動かれ、疵を被られ候。感心の至りに候。然れば官途の事、御心得あるべく候。恐々謹言。

（元亀四年）二月廿七日　　（宇都宮）広綱（花押）

塩谷宮内太輔殿

【史料10】宇都宮国綱官途状写（「野沢俊子家文書」）

この度南衆出張る。爰元取り籠みに付いて、那須より慮外成し懸かり候ところ、石居の地に在城致し、人を討ち捕え候。これに就いて感じ思し召さる。仍って新左衛門尉にこれを成され候なり。件の如し。

天正十三年乙酉

十二月廿日　（宇都宮国綱）（花押影）

野沢新左衛門尉殿

【史料11】宇都宮広綱受領状写（「秋田藩家蔵文書」四八）

今度壬生口での弓矢に付いて、多功孫四郎方と談合し、辛労申し候条、喜悦の至りに候。殊に多功の地用心以下意見し候。簡用至極に候。なお以って油断之なき様、其方の前之あるべく候。然れば、受領の事、御心得あるべく候。

天正弐年甲戌

正月十八日　（宇都宮）広綱（花押影）

簗三河守殿

【史料12】宇都宮広綱受領状（「石田文書」）

受領の事、之を成され候状件の如し。

天正十五年丁亥

三月廿四日　　　　　　　　　　（花押）（宇都宮国綱）

稲河但馬守殿

史料9は、宇都宮広綱が元亀四年（一五七三）二月二十七日付けで塩谷某に宛てた官途状である。広綱は、宇都宮氏の親戚筋塩谷一族の某に、鹿沼城攻めでの戦功を賞し宮内太輔の官途を与えている。

史料10は、宇都宮国綱が天正十三年（一五八五）十二月二十日付けで氏家郡石居（いしずえ）の地（高根沢町石末一帯）の土豪野沢某に宛てた官途状写である。国綱は、野沢某に対し、小田原北条方が侵攻してきた際の石居城（石末城、阿久津城とも）在城の戦功を賞し、新左衛門尉の官途を与えている。

史料11は、宇都宮広綱が天正二年（一五七四）正月十八日付けで河内郡簗（やな）の地（上三川町梁一帯）にいた宇都宮氏の親戚筋多功氏一族の簗某に宛てた受領状写である。広綱は、簗某に対し、同族の多功孫四郎と談合し、壬生口で壬生綱雄（つなかつ）と戦った戦功を賞し、三河守の受領付与を約束している。

史料12は、宇都宮国綱が天正十五年三月二十四日付けで常陸南西部ないし下野芳賀郡内の村を拠点としていたと思われる土豪稲河某に宛てた受領状である。文書の中に受領付与の理由が記されていないことを考えると、土豪稲河家内部での家督の継承に伴い、稲河家の世襲受領名の但馬守が与えられたと思われる。

以上、宇都宮氏当主と一族・家臣との関係がうかがえる文書を紹介してきた。宇都宮氏当主がこのような文書を自由に自分の裁量で発給できること自体、彼が宇都宮氏当主を中心とした地方王権の最高権力者の地位にあったことを物語っていよう。

B．寺院との関係

次に、宇都宮氏当主と領内の寺院との関係を見ていく。両者の関係がうかがえる史料を提示する。

【史料13】宇都宮正綱安堵状（「一向寺文書」）

一向寺々領の事、先規に如く成敗あるべく候。仍って状件の如し。

寛正七年

八月七日　（宇都宮）正綱（花押）

一向寺

【史料14】芳賀景高奉書（「一向寺文書」）

岡本郷の内一向寺給分田数四町の諸御公事・頭役銭・鏑流〔流鏑〕馬銭ならびに番料足の事は、右先々の如く御寄進として免除せしめ［　］、執達件の如し。

文明十八年

二月十三日　　〔芳賀〕左衛門尉景高（花押）

【史料15】宇都宮成綱・芳賀景高連署寄進状写（「寺社古状」）

成高寺に寄付し奉る。大内庄の内大根田半郷・西方三沢郷の内福恩寺分ならびに慶蔵寺分、西形〔刑〕部郷の内福聚寺分ならびに広寿寺分、累孫に於いて相違あるべからず候。仍って状件の如し。

延徳四年十月二日　　〔宇都宮〕下野守成綱（花押影）

〔芳賀〕左衛門尉景高（花押影）

成高寺

侍者御中

【史料16】宇都宮成綱書状（「専修寺文書」）

高田専修寺の事、散裁〔在〕の地の公事以下、先の給人の嘉例の如くたるべく候。たとえ違乱に及ぶ族(やから)候と雖(いえど)も、御信用の儀之(これ)あるべからず候。恐々謹言。

明応三年甲刁

三月十八日　(宇都宮)成綱（花押）

専修寺

【史料17】宇都宮忠綱安堵状写（「寺社古状」）

寄進す。

右、中里郷の事、かの地は当寺領たりと雖も、子細あり近年相違と云々。然(しか)れば先例に任せ、老父寄付せしむる所実(じち)なり。以後に於いても違篇(いへん)の儀之(これ)あるべからず。仍って証状件の如し。

永正九年壬申三月七日　藤原忠綱

興禅寺　（花押影）

【史料18】宇都宮興綱(おきつな)寄進状写（「寺社古状」）

仏殿修造に就いて、中里郷の田面銭七貫五百文ならびに諸公事免許せしめ候間、速(すみ)やかに途〔知〕行し候様御拵(おんかせぎ)簡安に候。恐々敬白(きょうびゃく)。

大永八年戊子二月十七日　(宇都宮)興綱（花押影）

興禅寺衆中

【史料19】宇都宮俊綱安堵状写（「寺社古状」）

光明寺の事、子細ありて御拘の上は、向後別条の義之あるべからず候。恐々敬白。

天文三年甲午八月三日　藤原(宇都宮)俊綱（花押影）

成高寺

史料13は、宇都宮正綱が寛正七年（一四六六）八月七日付けで宇都宮城下近くの時宗寺院一向寺（宇都宮市西原二丁目）に宛てた安堵状である。正綱は、一向寺に対し、「先規」（先例）により与えていた寺領の支配を安堵（保証）している。

史料14は、宇都宮成綱の家宰（筆頭重臣）芳賀景高が、文明十八年（一四八六）二月十三日付けで一向寺に宛てた奉書（上意を執り次ぐ文書）である。景高は、一向寺に対し、成綱の意向を執り次ぎ、岡本郷（宇都宮市中岡本町・下岡本町など一帯）内で一向寺に与えられている四町の土地の年貢以外の雑税である諸公事や宇都宮明神の祭礼費用の頭役銭等を免除する旨伝えている。

史料15は、宇都宮氏当主の宇都宮成綱と家宰の芳賀景高が延徳四年（一四九二）十月二日付けで当時宇都宮城下の中河原（宇都宮市中河原町一帯）にあった曹洞宗寺院成高寺（じょうこうじ）（現在は宇都宮市塙田四丁目に移転し所在）に宛てた寄進状写である。成綱と景高は、成高寺に対し、大内荘内大根田半郷（真岡市大根田）、西方三沢郷（栃木市西方町本城字三沢など一帯）内の福恩寺分・慶蔵寺分等の寺庵（じあん）とそれに付随する土地を寄付している。

史料16は、宇都宮成綱が明応三年（一四九四）三月十八日付けで大内荘内の浄土真宗寺院高田専修寺（真岡市高田）に宛てた書状である。成綱は、専修寺に対し、散在する専修寺が支配する所領に対する公事免除を安堵（保証）している。専修寺は位置的に芳賀氏の影響が強かったと思われる寺院である。成綱が専修寺に書状を送った背景として、成綱の父正綱が芳賀成高（しげたか）の子（異説もあり）であったことも関係していた可能性が考えられる。

史料17は、宇都宮忠綱が永正九年（一五一二）三月七日付けで宇都宮城下の臨済宗寺院興禅寺（宇都宮市今泉三丁目）に宛てた安堵状写である。忠綱は、興禅寺に対し、中里郷（宇都宮市中里町一帯）について、老父成綱がまちがいなく寄進した地であるとして、興禅寺に中里郷の支配を安堵（保証）している。

史料18は、宇都宮忠綱が没落した後に宇都宮氏当主になった忠綱の末弟興綱（おきつな）が、大永八年（一五二八）二月十七日付けで興禅寺に宛てた寄進状写である。興綱は、興禅寺に対し、寺の仏殿修造用の費用として、同寺が中里郷から徴収し宇都宮氏に納めることになっている田面銭七貫五百文と諸公事を免除している。

史料19は、宇都宮興綱（おきつな）が没落した後に宇都宮氏当主になった興綱のすぐ上の兄俊綱が、天文三年（一五三四）八月三日付けで成高寺に宛てた安堵状写である。俊綱は、成高寺に対し、宇都宮城下の曹洞宗寺院光明寺（宇都宮市本町）への支配権を安堵している。

以上、史料13から史料19は、宇都宮氏の歴代当主が、宇都宮城下や城下近くの一向寺・成高寺・興禅寺及び家宰の芳賀氏と関係が深かった専修寺に対し、寺領の安堵、諸公事等の免除、寺領の寄進をし保護していたことをうかがわせる。

ともかく、宇都宮氏当主が史料13から史料19のような文書を発給できたこと自体、家宰の芳賀氏の後押しや芳賀氏への配慮などもあったかもしれないが、宇都宮氏当主が彼を中心とした地方王権の最高権力者の地位にあったことを物語っていよう。

おわりに

以上、本章では、鎌倉時代下野南部寒河御厨の地頭御家人小山氏と戦国時代下野中央部から東南部に勢力圏を有していた戦国期権力宇都宮氏を通して、鎌倉時代・戦国時代が地方分権の社会だったことを明らかにした。

ところで、今回触れなかった南北朝内乱期及び室町時代の社会はどうだったであろうか。

まず、南北朝内乱期を見てみる。具体的には、鎌倉府が関東諸国に命じて鎌倉円覚寺の造営費用を徴収した際の事例を取り上げる。下野の場合、鎌倉府は初め下野守護小山義政を通じて徴収しようとして、時の関東管領上杉能憲が、永和二年（一三七六）九月二十四日付けで、鎌倉公方足利氏満の意向を受け小山義政に徴収を命じた（関東管領上杉能憲奉書「円覚寺文書」）。しかし、小山義政による下野における造営費用の徴収は思うように進まなかった。鎌倉府側では次善の方策として、上杉能憲の後に関東管領に就いた上杉憲春が、永和三年十一月十七日付けで守護小山義政と宇都宮基綱に、鎌倉公方足利氏満の意向を受けで同文により造営費用の徴収を命じた（関東管領上杉憲春奉書「円覚寺文書」）。鎌倉府側が同日付・同文で小山義政と宇都宮基綱に造営費用を徴収するよう命じた文書を発給した背景として、宇都宮基綱が下野の中央部から東南部に独自の勢力圏を持ち守護小山義政並みの力を有しており、鎌倉府としても宇都宮基綱の力を無視しえなかったことを物語っていよう。因みに、南北朝内乱期の下野には、この他に北部から東部の那須氏の勢力圏、南西部に室町将軍足利氏の本貫地足利荘があった。この事例からは、南北朝内乱期が地方分権の社会だったと言えよう。

次に、室町時代を見ていく。宇都宮氏の事例を紹介する。宇都宮持綱は、応永十八年（一四一一）十一月八日付けで宇都宮城下近くの時宗寺院一向寺に対し、西刑部郷（宇都宮市西刑部町・瑞穂一帯）内平塚村の代りとして西方内大和田郷（鹿沼市大和田町一帯）半分を寄進している（宇都宮持綱寄進状「一向寺文書」）。また、持綱は一か月後の応永十八年十二月八日付けで一向寺に対し、一向寺領の岡本郷（宇都宮市中岡本町・下岡本町など一帯）内給分と西方大和田郷半分の諸公事を免除している（宇都宮持綱公事免除状「一向寺文書」）。宇都宮持綱が一向寺に対し所領寄進や諸公事免除ができた理由として、持綱が宇都宮氏の勢力圏内で最高権力者の地位にあったことを物語っていよう。この事例からは、室町時代も地方分権の社会だったと言えよう。ともかく、南北朝内乱期及び室町時代の社会も、鎌倉時代や戦国時代の社会同様地方分権の社会であったことが指摘できる。

今後の課題としては、南北朝内乱期及び室町時代の社会の歴史的特質が地方分権の社会だったことを史料に基づいて精査することがあげられる。この点は別の機会に論じてみたい。

〔付記1〕

小山朝政は、建久三年（一一九二）九月十二日付けで源頼朝から「所々の地頭職」（原漢文）を与えられる（源頼朝袖判下文「松平基則氏所蔵文書」）。その後、朝政が寛喜二年（一二三〇）二月二十日付けで嫡孫長村に所領・所職を譲与した譲状（小山朝政譲状「小山文書」）に、「寒河御厨号小山庄、重代屋敷也」の文言があることより、鎌倉時代の小山氏は寒河御厨の地頭職を持っていたと言える。

〔付記2〕

史料5について、『鎌倉遺文』古文書編第十一巻所収No.八〇〇二は文書名を「関東御教書」

としているが、本章では文書名を「関東御教書写」とした。理由は、「新編追加」が室町時代に「御成敗式目」制定後に追加発令された鎌倉幕府の法令（式目追加）を集録、編纂した法令集であることによる。

第二章　中世は自力救済と弱肉強食の社会だった

—室町時代応永期長沼義秀の長沼荘回復を通して—

はじめに

長沼氏は、小山氏の始祖小山政光の二男宗政が、平安時代末期の野木宮合戦（野木町）で源頼朝の叔父志田義広軍を攻略した戦功により、頼朝から下野国長沼荘（真岡市、旧二宮町の西半分）を与えられ、長沼氏を称したことに始まる。

宗政は、頼朝が奥州平泉の藤原泰衡を攻め滅ぼした文治五年（一一八九）の奥州合戦でも活躍し、奥州南山（長江荘とも、福島県南会津町など）を頼朝から与えられる。宗政は承久三年（一二二一）の承久の乱でも活躍し、幕府から恩賞として摂津国（大阪府北西部と兵庫県南東部）の守護職と同国藍荘（兵庫県三田市）の地頭職を与えられる。その後、長沼氏は摂津国守護職等のかわりに淡路国（兵庫県淡路島）の守護職等を与えられ、淡路国守護職は後醍醐天皇の建武政権期に失うまで鎌倉時代を通じて長沼氏に世襲されていく。

南北朝の内乱が始まると、長沼氏（惣領秀行）は初め後醍醐天皇の南朝方に与した。しかし、

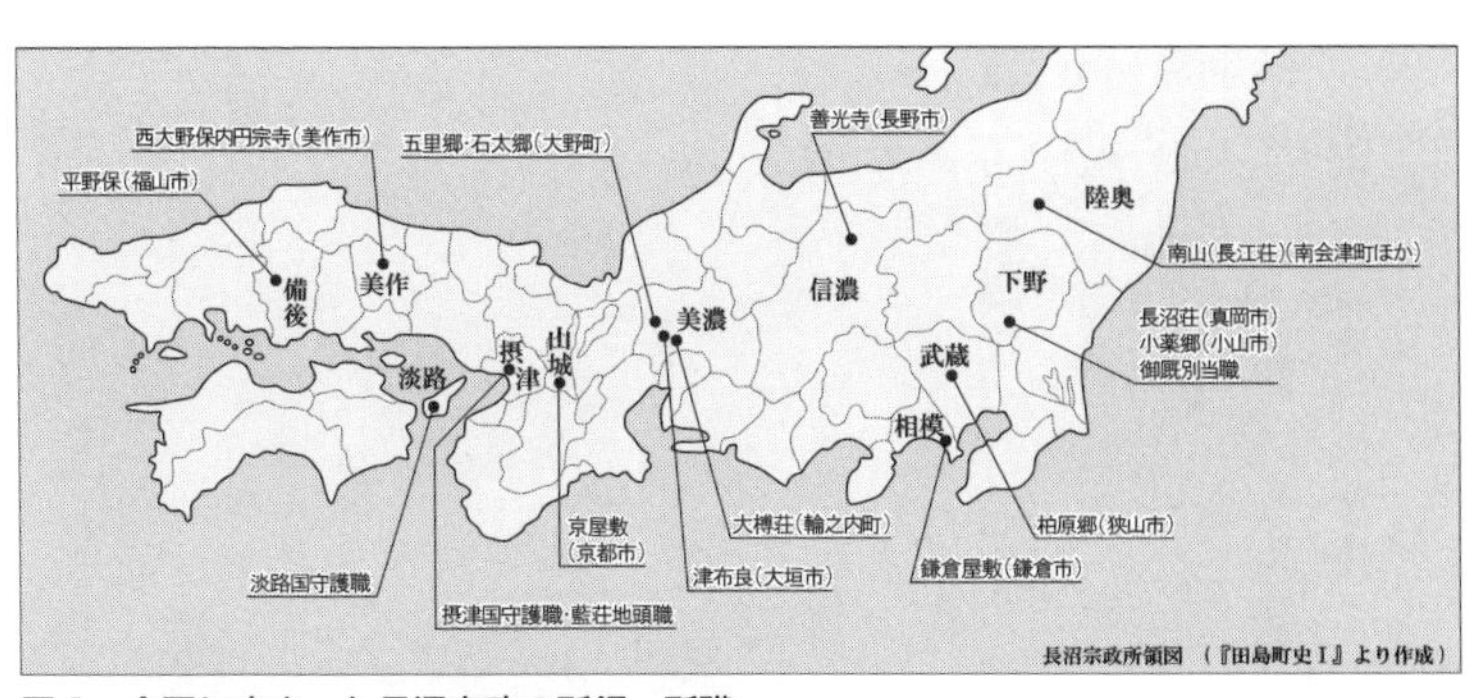

図１　全国に広まった長沼宗政の所領・所職
（栃木県立博物館テーマ展パンフレット『長沼氏から皆川氏へ』より）

秀行は鎌倉時代を通じて代々相伝してきた淡路国守護職を後醍醐天皇により収公（没収）されたため、足利尊氏が後醍醐天皇に反旗を翻すと尊氏方（北朝方）に転じる。

この後、秀行は生き抜くため内乱の趨勢により北朝方と南朝方との間で去就を二転三転させる。一族の中には南朝方に属する者もいるという状況になる。秀行は、南北朝軍の激しい戦場となった長沼荘に拠点を置くことが困難と判断し、暦応四年（一三四一）頃本拠を所領のあった奥州南山（長江荘）に移す。

明徳三年（一三九二）南北朝の内乱が終わる。同年末に奥羽両国が室町幕府の東国統治機関である鎌倉府の管轄に移管される。以後、鎌倉府は、鎌倉を拠点に関東八か国と伊豆・甲斐及び陸奥・出羽を支配下に置くことになる。南北朝の内乱期後半以降奥州の地で力を蓄えていた長沼氏（当時の惣領は秀行の孫義秀）は、鎌倉の地に屋敷を構えて鎌倉府に出仕し、鎌倉府の力を背景に本領長沼荘を回復すべく、鎌倉府の長官鎌倉公方足利氏満との関係を

秀郷流末孫武将画像「長沼淡路守義秀画像」
（森戸果香氏画、栃木県立博物館所蔵）

深めていく。具体的には、応永四年（一三九七）の正月には氏満を鎌倉の自邸に招きもてなす椀飯役を務めるなどする。こうした義秀と鎌倉公方との信頼関係は、氏満の死後新たに鎌倉公方に就任する氏満の子足利満兼や、満兼の死後鎌倉公方に就任する満兼の子足利持氏の代に引き継がれていく。

本章では、鎌倉公方足利満兼や次代鎌倉公方足利持氏の時期である室町時代応永期（一三九四〜一四二八）の、惣領長沼義秀による長沼荘回復について考察していく。

これまで長沼義秀による長沼庄の回復については、室町時代の所領争いに際して、室町将軍や鎌倉公方の上意執行（上位者の命令執行）が管領や関東管領に、次いで管領や関東管領から守護に、さらには守護から守護代へと下達（下の者に取り次ぎ伝える）されていく遵行制度（上意を取り次ぎ執行する制度）との関連で論じられることが多かった。

本章では、視点を変え、中世の歴史的な特質である自力救済と弱肉強食の視点で見ていく。

一　応永六年の長沼荘内長沼又四郎跡の還補

長沼義秀は、鎌倉公方足利満兼に仕え信任を得ていく中で、応永六年（一三九九）に長沼荘内にいた長沼氏の有力一族駿河守系（長沼惣領家が奥州南山に移住後も長沼荘内に残っていた有力庶子家の当主）の長沼又四郎跡（跡は旧領）の還補（返還）を認められる。長沼義秀が鎌倉公方から長沼又四郎跡を還補された背景については江田郁夫氏の指摘がある（江田『下野長沼氏』、戎光祥出版）。江田氏によれば、義秀は奥州南山を拠点に、足利満兼が奥州に派遣した弟の足利満貞（奥州稲村、現福島県須賀川市に拠点を置く、稲村公方という）や、同じく弟の足利満直（奥州篠川、現福島県郡山市に拠点を置く、篠川公方という）への奉公（「奥州奉公」「奥奉公」という）を賞せられた恩賞的な意味合いもあったであろうという。また、長沼義秀は、鎌倉公方足利満兼の下で関東の有力な武士である千葉・佐竹・結城・小田・宇都宮・小山・那須氏とともに、鎌倉府を支える「関東八屋形」として、守護に准ずる家格で処遇されたという。

ここでは、義秀が長沼又四郎跡を当知行（実効支配）するまでの過程をたどってみる。長沼義秀は、鎌倉公方足利義兼から応永六年十一月九日付けで下野の本領内の有力な長沼氏一族又四郎の旧領を還補する旨伝えられ、残りの分については追って返付する旨約束した宛行状（鎌倉公方足利満兼宛行状案「皆川文書」）を与えられる。

また、鎌倉公方の補佐役関東管領上杉朝宗は、応永六年十一月九日付けで鎌倉公方足利義兼の意向を受けて下野守護結城基光に対し、在鎌倉している義秀に代って長沼荘を受け取ることになる義秀の代官に長沼又四郎の旧領を渡すよう取り次ぐ（関東管領禅助上杉朝宗奉書案「皆川文書」）。

その後、関東管領上杉朝宗は応永六年十一月三十日付けで鎌倉公方足利義兼の意向を受け下野守護結城朝光に次のような文書を出す。

【史料1】関東管領禅助上杉朝宗奉書案（「皆川文書」）

長沼淡路入道義秀申す下野国長沼又四郎跡の事、義秀に沙汰し付くべきの由、先度仰せられ候のところ、又四郎跡の輩、支え申すの由注進の条、はなはだ然るべからず。かの又四郎に於いては、謀書人たるの間、是非に及ばず。たといこれを支え申すと雖も、許容すべからず。不日下地を義秀に沙汰し付け、請取の状を執り進らさるべし。

（中略）仰せに依り執達件の如し。

応永六年十一月卅日　　沙弥在判

結城弾正少弼入道殿（禅貴、基光）

なから山殿（禅助、上杉朝宗）

史料1からは、関東管領上杉朝宗が下野守護結城基光に対し、長沼又四郎の旧領にいる又四郎の子弟・一族・縁者が下地（又四郎の旧領）を義秀に引き渡すことに抵抗しているとの報告が届いていることを述べ、又四郎が謀書人（文書偽造人）であると断じ、許すことができないとして又四郎の旧領を長沼義秀に渡すよう催促し、義秀の請取状を鎌倉府に進上するよう計らえと命じていることがわかる。

結城基光は、史料1の関東管領上杉朝宗からの命令を受け、応永六年十二月十三日付けで鎌倉府の奉行所に請文（復命書）を提出する。

【史料2】下野守護禅貴結城基光請文案（「皆川文書」）

長沼淡路入道義秀申す下野国長沼庄内長沼又四郎跡の事、下地を義秀の代に沙汰し付けんと欲し候のところ、又四郎跡の輩重ねて多勢を率いて支え申すの間、打ち渡すに及ばざるの由、代官聖棟（水谷）の去んぬる月晦日の注進状かくの如し。謹んでこれを進覧せしめ候。この旨を以って御披露あるべく候。恐惶謹言。

応永六年十二月十三日　沙弥禅貴（結城基光）在判

進上　御奉行所

結城基光は、この請文で、奉行所に対し、又四郎の子弟・一族・縁者が再び多勢で又四郎の旧領を長沼義秀に渡し付けることに抵抗しているのでうまくいっていないという結城基光の代官（守護代）水谷出羽入道聖棟の報告があったことを記している。

上杉朝宗は結城基光からの復命内容を鎌倉公方足利義兼に取り次ぎ、義兼から指令を受ける。上杉朝宗は、それに奉じる形で、応永六年十二月十七日付けで鎌倉公方足利義兼の意向を結城基光に取り次ぐ。

【史料3】関東管領禅助上杉朝宗奉書案（「皆川文書」）

長沼淡路入道義秀申す下野国長沼庄内長沼又四郎跡の事、かの仁に於いては、謀書人たるの間、是非に及ばず。たといこれを支え申すと雖も、義秀に沙汰し付くべきの由、先度仰せらるるのところ、多勢を率いて支え申すの由、度々注進に及ぶの条、然るべからず。不日下地を義秀に沙汰し付け、請取状を執り進らさるべし。次に与力人の事、殊なる沙汰あらんがため、起請の詞を載せ、交名を注進せらるべきの状、仰せに依り執達件の如し。

（禅助、上杉朝宗）なから山殿

応永六年十二月十七日　沙弥在判

結城弾正少弼殿（禅貴、基光）〔入道脱カ〕

史料3からは、上杉朝宗が、結城基光に対し、長沼又四郎が謀書人であると断じ、たとえ守護代の執行に又四郎が抵抗しようとも、義秀に又四郎跡を返付するようにという鎌倉公方の意向があるので、又四郎が多勢を率いて抵抗しているとの報告が度々届いているのはけしからぬと述べていることがわかる。その上で、速やかに長沼義秀に又四郎跡を交付するよう命じ、義秀方の請取状及び又四郎の与力人（加勢者）の名前を記した交名（リスト）の提出を求めていることもわかる。

この文書が出されてから二か月後、業を煮やした足利満兼は、応永七年二月十五日付けで結城基光に対し直接文書を送る。

【史料4】鎌倉公方足利満兼御判御教書案（「皆川文書」）

長沼淡路入道義秀申す下野国長沼又四郎跡の事、注進状披見し候。かの又四郎跡の輩、数ケ度の遵行に背き、合戦に及ばんと擬するの条、頗る重科を遁れがたし。今に於いては是非に及ばず。不日下地を義秀に沙汰し、請取状を執り進らすべし。もし異儀に及ぶに於いては、治罰を加うべきなり。次に与力人の事、その沙汰あらんがため、起請の詞を載せ、交名を注進せしむべきの状、件の如し。

（足利満兼）勝光院殿　御判

応永七年二月十五日

結城（禅貴、基光）弾正少弼（入道脱カ）殿源某安堵状（文化庁保管「皆川家文書」）

足利義兼は、この時期の文書発給のシステムを考えると、本来ならば関東管領上杉朝宗を通じて下野守護の結城朝光に命じるのが筋である。敢えて、足利義兼が結城朝光に文書を送った背景には、長沼義秀からの度重なる要望（突き上げ）や、自分が長沼義秀に長沼又四郎跡の還補を約束してから三か月を過ぎてもうまくいっていないという憤り焦りがあったかもしれない。足利義兼は、結城基光に対し、長沼又四郎の子弟・一族・縁者が守護の数か度の遵行（上意の執行）を妨害し、合戦に及ぼうとしているのは重罪で許しがたい。速やかに又四郎跡を義秀に渡し付け、義秀からの請取状を鎌倉府に進上すること、及び又四郎への与力人の交名提出を命じている。

最終的に、下野守護結城基光は応永七年三月五日付けで長沼義秀ないし長沼荘の義秀の現地代官に又四郎跡を手渡している（下野守護結城基光打渡状案「皆川文書」）。鎌倉公方足利義兼が長沼義秀に長沼又四郎跡の還補を約束した文書を出してから、約四か月を過ぎて義秀に又四郎跡が手渡されたことになる。

長沼又四郎は鎌倉府側（鎌倉公方足利義兼・関東管領上杉朝宗）によれば謀書人である。現代もマスコミの報道で公文書偽造を見聞する。しかし、又四郎が文書偽造をしたかどうかは史料的な制約で不明である。なお、先学江田郁夫氏は、義秀が又四郎を落とし入れるために謀書を作成し鎌倉府に訴え出た可能性があり、その際作成されたのが現在「皆川家文書」内では様式・文言・元号記載とも違和感のある源某安堵状（「皆川家文書」）であるという（江田「鎌倉府体制下の長沼氏」、江田『室町幕府東国支配の研究』所収、高志書院）。江田氏の考え方より推測すれば、義秀は、鎌倉公方から信任を得ていたことを背景に偽物（にせもの）の安堵状を作成し、又四郎が作成した謀書（ぼうしょ）（偽文書（ぎもんじょ））だとして訴え出て、鎌倉公方から又四郎が謀書人、文書偽造人であるというお墨付きを得た可能性も考えられる。義秀にしてみれば、自分が勝ち長沼荘を回復するためには手段を選ばないという考えの上の行動だった可能性が考えられる。又四郎にとっては冤罪（えんざい）（身に覚えのない罪）であり寝耳に水である。自分には非がないのであり、抵抗するのも止むを得ぬことであったろう。又四郎跡の還補（げんぽ）（返還）が完了するまでに四か月もかかったこともうなずけよう。

鎌倉幕府法の「御成敗式目」第十五条は「謀書の罪科の事」で、「侍においては所領を没収せらるべし」（原漢文）とある。義秀にとって長沼荘は先祖以来の名字の地という思い入れがあったと思われる。一方、又四郎にしてみれば長沼氏の惣領家が長沼荘を去ってからも自分たち一族は庶流ながら長沼荘にずっと留まって生き抜いてきた訳であり、自分もこの土地で生まれ育ち、この土地を基盤に生活しているという思いがあったであろう。惣領家の義秀が鎌倉公方や関東管領や下野守護の力を背景に長沼荘を取り戻しにくるなら、又四郎は先祖以来の自分の生活を守るために、又四郎の子弟や一族・縁者と連携し、所領の召し放ちに何度でも実力で抵抗し、合戦に及ぼうとする論理で臨んだと考えられる。まさに、やられたらやり返す、しかも多数派工作をして命がけの合戦にまで及ぼうとする行為は、中世の歴史的特質の一つである自力救済の考え方に基づく行動である。しかし、結局中世は実力の世界、又四郎方は守護代方や義秀の現地代官方に抗しきれず、四か月抵抗した末に又四郎跡の還補を飲んだと言えよう。

義秀は、繰り返し述べることになるが、長沼荘の回復という自分の考えを押し通すために、又四郎を落とし入れたわけであり、長沼荘を手に入れるためには手段を選ばない行為に出た。その意味では、中世は弱肉強食の社会であったとも言えよう。

二　上杉禅秀の乱後の長沼義秀による長沼荘回復

上杉禅秀（ぜんしゅう）の乱は、前関東管領上杉禅秀（氏憲（うじのり）の法名（ほうみょう））が、応永二十三年（一四一六）十月に時の鎌倉公方足利持氏（もちうじ）・関東管領上杉憲基（のりもと）に対して起こした反乱である。虚（きょ）をつかれた足利持氏や上杉憲基はそれぞれ駿河（するが）や越後へ逃れ、鎌倉は一旦禅秀方に占領されてしまう。しかし、室町幕府将軍足利義持が足利持氏支持を決定したため、形成が逆転する。禅秀方は足利持氏を擁する駿河守護今川範政軍や北国・上野の武士を率いる上杉憲基軍に攻められる。禅秀は翌応永二十四年正月鎌倉雪ノ下で自害し、足利持氏・上杉憲基は鎌倉を奪還する。

長沼義秀は、前節でも触れたように応永初期から名字の地長沼荘の回復をめざしていた。鎌倉にいた義秀は、上杉禅秀の乱が起こってすぐに持氏の下に馳せ参じたため、持氏から「下野国長沼庄の右衛門佐入道（上杉禅秀・氏憲）跡、同国大曽郷木戸駿河守跡、同国武田下条八郎跡、武蔵国小机保内長井次郎入道跡等」を宛行う文書を与えられる（鎌倉公方足利持氏宛行状「皆川家文書」）。持氏としては、義秀に対し逸早く自分の所に馳せ参じた功に報い、義秀を自らの陣営につなぎとめておくためにも出した文書と言えよう。しかし、上杉禅秀の乱勃発の当初禅秀方が優勢で、持氏は鎌倉から逃れるのが精一杯、義秀も下野の長沼荘に逃れたと考えられるため、義秀が前記した上杉禅秀方の所領を手にするのは、乱後の応永二十四年四月である。この点は、乱後発給された以下の文書が残存していることよりわかる。

一つ目は関東管領上杉憲基が応永二十四年二月二十七日付けで下野守護結城基光に対し鎌倉公方足利持氏の意向を受けて長沼荘内上杉禅秀跡、大曽郷木戸駿河守跡、武田下条八郎跡などを義秀の代官に渡し付けるよう命じた奉書（関東管領上杉憲基奉書「皆川家文書」、奉書は主人の意向を受けて出す文書のこと）である。二つ目は結城基光が応永二十四年四月四日付けで足利持氏と上杉憲基の意向を受けて守護代水谷出羽入道聖棟に対し長沼荘内上杉禅秀跡などを義秀

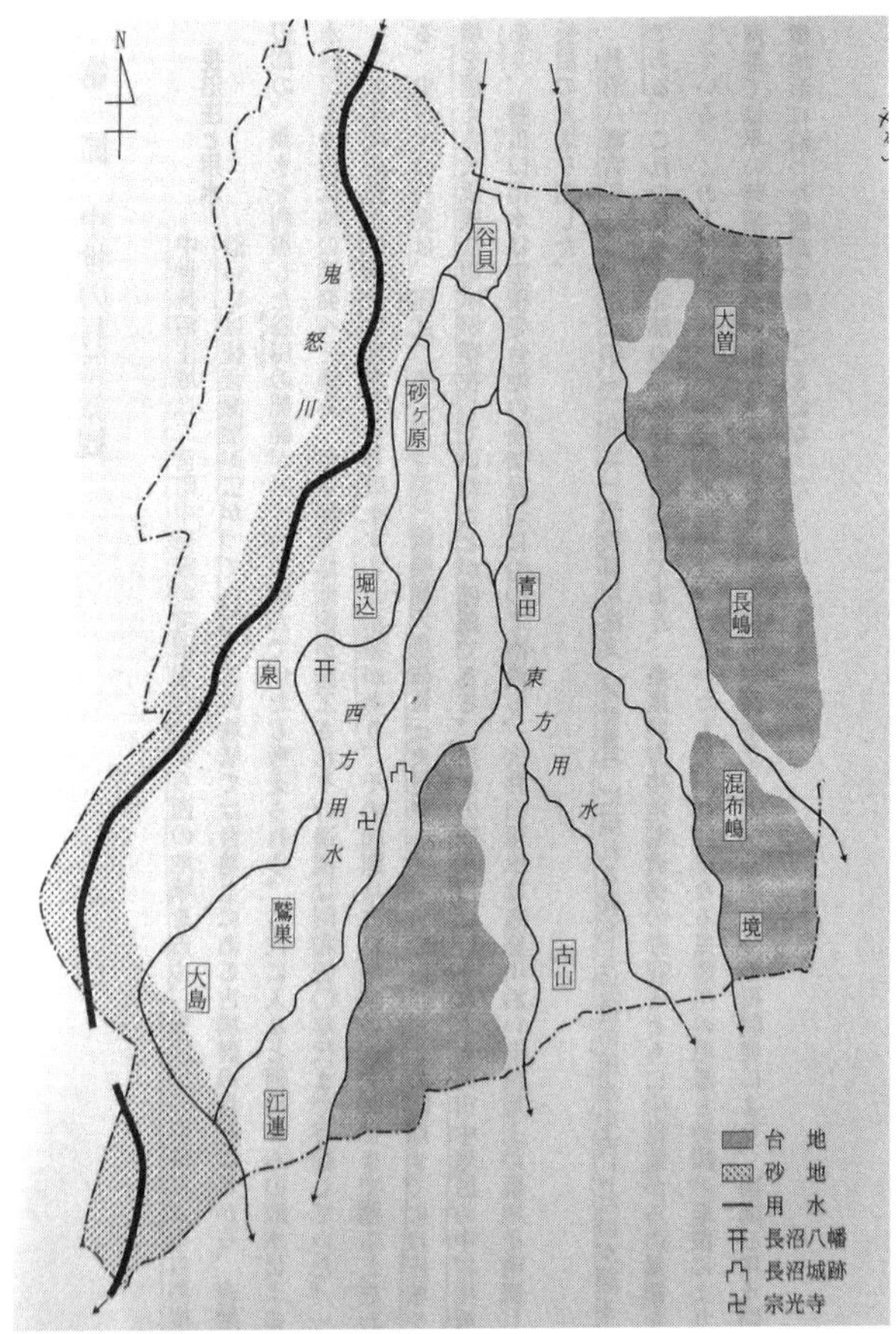

図２　長沼庄郷名と用水（『二宮町史』通史編Ⅰ古代中世より）

の代官に渡し付けるよう命じた遵行状（下野守護禅貴結城基光遵行状「皆川家文書」、遵行状は守護が守護代に上意を伝える文書のこと）である。三つ目は水谷出羽入道聖棟が応永二十四年四月十四日付けで足利持氏・上杉憲基・結城基光の意向を受けて長沼荘内上杉禅秀跡などを義秀の代官に渡し付けた打渡状（下野守護代水谷聖棟打渡状「皆川家文書」、打渡状は守護代が正当な知行人に交付する文書のこと）である。ともかく、これら三通の文書が残存していることより、義秀が応永二十四年四月に入手したことがうかがえる。

なお、長沼荘にいた義秀は上杉禅秀の乱の最中、足利持氏から度々参陣を命じられ（鎌倉公方足利持氏書状「皆川家文書」、鎌倉公方足利持氏軍勢催促状「皆川家文書」）、越後・上野方面から鎌倉を攻めのぼる上杉憲基軍に合流し軍忠に励んだ。義秀は、禅秀の乱後足利持氏からこうした戦功を賞せられ、禅秀方の長沼荘内の旧領を宛行われる。ここでは、義秀が長沼荘内の所領を入手するに際し、手こずった所領について見てみる。

第一が、長沼氏の一族（庶子家）で、長沼荘混布嶋郷に土着していた混布嶋下総入道が持っていた所領である。混布嶋下総入道は、上杉禅秀と主従関係にあった人物である（まか書状「皆川家文書」）。混布嶋下総入道は、上杉禅秀の乱後、鎌倉府からの所領の召し放ちを拒否して現地に居て違乱行為をしていた人物である。混布嶋下総入道が違乱行為をしていたことは、次の二通の文書から指摘できる。

【史料5】鎌倉公方足利持氏書状（「皆川家文書」）

長沼淡路入道（義秀）知行分、下野国長沼庄内混布嶋郷ならびに同庄泉郷半分・青田郷半分等の事、混布嶋下総入道違乱を致すの由、歎き申すに就いて、先日御使を以って仰せらるるのところ、即ち成敗を加うべき旨、申せしむと雖も、尚以って休止せざるの由之を申す。早速彼の狼藉を退け、知行之を全うする様、申し付くべきなり。謹言。

（応永二十五年）七月十二日　（足利持氏）（花押）

結城弾正少弼入道殿（禅貴、基光）

【史料6】鎌倉公方足利持氏御判御教書（「皆川家文書」）

長沼淡路入道義秀申す下野国長沼庄内混布嶋郷・同庄内泉郷半分・青田郷半分等の事、数ケ度の上裁に背き、混布嶋下総入道毎度多勢与するを率い、結句使節に対し合戦に及ばんと擬すと云々。頗る重科遁れ難し。この上は寛宥に拠るなきか。治罰を加うるところなり。早く近隣の地頭御家人等を相催し、厳密にその沙汰を致し、下地に於いては、義秀に沙汰し付くべきの状、件の如し。

応永廿五年七月廿九日　（足利持氏）（花押）

結城弾正少弼入道殿（禅貴、基光）

史料5は、鎌倉公方足利持氏が応永二十五年（一四一八）七月十二日付けで下野守護結城基光に宛てた書状である。足利持氏は、結城基光に対し、長沼義秀の知行分である長沼荘内混布嶋郷・泉郷半分・青田郷半分等において、混布嶋下総入道が違乱しているのでこれを停止し、義秀の知行が全うするよう命じている。

史料6は、足利持氏が応永二十五年七月二十九日付けで結城基光に宛てた御判御教書（鎌倉公方自らが出した文書）である。足利持氏は、結城基光に対し、混布嶋下総入道が数か度の上裁（じょうさい）（上からの命令）に応じず、多勢与（くみ）する者たちを率いて守護の使節に合戦に及ぼうとしているので、近隣の地頭御家人等を催促して再び強制執行するよう命じている。

さらに、足利持氏は応永二十五年十月二十九日付けで結城基光に宛て書状（鎌倉公方足利持氏書状「皆川家文書」）を送り、長沼義秀から混布嶋下総入道の違乱が続いているとの訴えを受け、三度目となる違乱停止を基光に命じ、近隣の地頭御家人等に軍勢催促し強制執行するよう命令する。

混布嶋下総入道は、惣領家の長沼義秀が上杉禅秀の乱以前から名字の地長沼荘の一円領有をめざしたため、所領支配の独立性維持の願いから上杉禅秀に与（くみ）したことが推測される。混布嶋下総入道にしてみれば、南北朝内乱期に長沼氏惣領家が陸奥国南山に移ってからも先祖や自分は長沼荘にいて荘内を守ってきたという自負があったことであろう。それ故に、上杉禅秀が鎌倉で自刃し果てても鎌倉公方や守護の命令、さらには彼ら上位権力を背景に長沼荘の一円領有をめざす惣領長沼義秀の意向には従えなかったと思われる。混布嶋下総入道にとっては先祖以来の生活の危機であり、生存権が脅かされたのである。

混布嶋下総入道は、自分の考えを押し通し、自分の所領と財産を守るために、頼みとした上杉禅秀がいなくなっても、当時の自力救済の考えに基づき多数派工作をして抵抗に踏み切ったと思われる。前記したように、混布嶋下総入道は、多勢与同者（よどうしゃ）を率いて守護の使節に対し合戦に及ぼうとしていたという。また、鎌倉公方足利持氏にしてみれば、三度も違乱停止を命じたにもかかわらずといった感があったことであろう。こうした混布嶋下総入道の頑強な抵抗に直面し、足利持氏は結城基光に対し近隣の地頭御家人等に軍勢催促し強制執行するよう命じたと言えよう。中世は力の差、実力が物を言う時代であった。この後、足利持氏による強制執行を求める書状が残されていないことを考えると、混布嶋下総入道の違乱行為は鎮静化し、長沼義秀に長沼荘内混布嶋郷・泉郷・青田郷等が渡し付けられたと考えられる。

第二が、長沼式部大夫が持っていた所領である。

【史料7】鎌倉公方足利持氏書状（「皆川家文書」）

長沼式部大夫跡の事、以前五ケ度に及び御書（ごしょ）を下され候のところ、成敗遅々候の条、然（しか）るべからず候。厳蜜に渡し付くべく候なり。もしなお難渋せしめ候はば、治罰（ちばつ）を加うべく候。謹言。

五月十九日　　（花押）（足利持氏）

結城弾正少弼入道（禅貴、基光）殿

史料7によれば、長沼義秀は上杉禅秀の乱の論功行賞で長沼式部大夫跡を与えられていることがわかる。長沼式部大夫も、南北朝内乱期に長沼氏惣領家が陸奥国南山に移ってからも長沼荘に残って荘内を守ってきた長沼氏の庶子家と思われる。長沼式部大夫も、混布嶋下総入道同様所領の召し放ちに抵抗し、自分の所領と財産を守るために、足利持氏からの五度に及ぶ渡し付け命令に抵抗したことにより、長沼義秀への渡し付けが遅れていたという。長沼式部大夫の動きも中世社会の考え方からすると、自力救済に基づく行動であったと言えよう。

ともかく、長沼義秀は、室町時代応永期上杉禅秀の乱がらみで長沼荘の一円領有を実現していったと思われる。義秀は、本領長沼荘の回復と前後して、応永二十五年七月二十一日付けで鎌倉公方足利持氏から陸奥国南山荘と長沼荘の諸公事免除を認められる（鎌倉公方足利持氏御判御教書（ごはんのみぎょうしょ）「皆川家文書」）。さらに、義秀は足利持氏から応永二十七年十二月九日付けで長沼荘への守護不入を認められる（鎌倉公方足利持氏御判御教書「皆川家文書」）。ここに至り、長沼荘は一国の支配権を持つ守護の介入が排除された荘園になったわけであり、義秀は守護から独立して長沼荘の支配をしていくことができるようになったと言えよう。

それにしても、長沼義秀は、長沼荘の回復という自分の考えを押し通すために、上杉禅秀の乱で禅秀が自害し、後ろ楯を失った混布嶋下総入道や長沼式部大夫の弱みにつけこみ、鎌倉公方に上杉禅秀の乱の恩賞として彼らの所領が欲しいと願い出たためであろうか、鎌倉公方の権威を背景に彼らの所領を鎌倉公方から与えられたのである。中世は弱肉強食の社会であったと言えよう。

おわりに

以上、本章では、中世の歴史的な特質である自力救済や弱肉強食の視点で室町時代応永期の長沼義秀による長沼荘の回復について考察してきた。具体的には、応永六年の長沼荘内長沼又四郎跡の還補と、応永二十年代の上杉禅秀の乱がらみで鎌倉公方から領有権を与えられた長沼荘内の混布嶋下総入道跡とも言える混布嶋郷・泉郷・青田郷等の回復、及び長沼式部大夫跡の回復である。義秀は鎌倉公方の足利満兼や足利持氏と結び、鎌倉公方の権威を背景に長沼又四郎に謀書作成という冤罪を押し付け、手段を選ばずに名字の地長沼荘の一円回復をめざしたことを述べた。一方、長沼又四郎・混布嶋下総入道・長沼式部大夫は、南北朝の内乱期に長沼氏惣領家が陸奥国南山に移ってからも長沼荘内に残り生活してきた長沼氏の庶子家筋である。彼らは、自分たちの存立基盤である所領を守るために、現地に居て自力救済の論理で多数派工作をし、鎌倉公方や関東管領・守護の意向を受けた守護代の強制執行に抵抗したことを指摘した。抵抗できた背景として、中世が自力救済の社会で、彼らが自前の軍事・警察権を持って所領を実効支配していたことが考えられることを述べた。

更に、長沼義秀が長沼荘を回復するために、上杉禅秀の乱で禅秀が自害し後ろ楯を失った混布嶋下総入道や長沼式部大夫の弱みにつけこみ、鎌倉公方に上杉禅秀の乱の恩賞として彼らの所領が欲しいと願い出たためであろうか、鎌倉公方から彼らの所領を与えられた。中世が弱肉強食の社会であったことも指摘した。

ともかく、本章では中世が自力救済の社会であったが、一面では弱肉強食の社会であったことも論じた。

長沼義秀は、応永期一貫して鎌倉公方に属し、積極的に鎌倉公方に忠節を尽くすことで名字の地で本領の長沼荘を回復した。しかし、義秀は後継者にめぐまれなかった。子の満秀が上杉禅秀の乱の前、応永二十年（一四一三）に早世し、孫の憲秀も応永三十年（一四二三）正月以降時期は特定できないが早世してしまう。義秀は曾孫（ひ孫、憲秀の子）彦法師（実名不詳、後に受領名淡路守を名乗る、法名生空）に跡目を継がせようとする。義秀は、長沼氏の家督を彦法師に継承させたい旨、鎌倉公方足利持氏に申し入れる。しかし、持氏は義秀の期待に反して彦法師が幼なすぎるとして、彦法師への家督継承は認めるが、彦法師が十五歳になって元服し一人前になるまでは、彦法師の叔父次郎（義秀の孫である憲秀の弟、実名不詳）が家督を代行し取り仕切るよう命じてきた（鎌倉公方足利持氏書状「皆川文書」）。義秀は止む無く持氏の命令を受け容れるが、間もなくして七十代後半で死去する。なお、この持氏の命令はその後長沼氏の分裂を招くことになる。

次郎は、義秀の死後長沼氏惣領家の新しい家督後継者として持氏の下に出仕する。次郎は、彦法師が元服すると持氏の命令に従い、長沼氏の家督を彦法師に譲る。彦法師は長沼氏歴代世襲の受領名である淡路守を名乗る。

永享十年（一四三八）八月、将軍職を望む鎌倉公方足利持氏が、諫める関東管領上杉憲実と対立し、持氏が領国の上野に退去した憲実を攻めたことで永享の乱が始まる。室町幕府の将軍足利義教は憲実を支援する。対立の構図は鎌倉公方対室町幕府（室町将軍）・関東管領となる。永享の乱は持氏方が敗北し、持氏は翌永享十一年二月鎌倉の永安寺で自害する。

永享の乱では、長沼荘にいた惣領の長沼淡路守（淡路守は彦法師の元服後の受領名）が鎌倉公方に、奥州南山にいた長沼次郎が室町幕府・関東管領方に属する（篠川公方足利満直書状案「皆川文書」）。長沼氏は二つに分裂する。

永享十二年三月、永享の乱の余波として結城合戦が起こる。下総結城城（茨城県結城市）の城主結城氏朝が足利持氏の遺児春王丸と安王丸を擁して結城城に立て籠もり室町幕府・関東管領方と戦う。結城合戦である。結城合戦は、約一年三か月続くが、結城方の敗北で終わる。

結城合戦では、長沼荘の長沼淡路入道生空が室町幕府・関東管領方に属し、長沼城（真岡市長沼）に立て籠もり結城軍の攻撃を受けたり、結城城攻めに加わったりしている（筑波潤朝軍忠状写「諸家文書」、「結城戦場記」所収幕府方分捕着到状写）。一方、生空の叔父長沼次郎は史料的な制約で結城合戦の際の動向は不明である。

文安四年（一四四七）八月、永享の乱で自害した足利持氏の遺児足利万寿王丸（成氏の幼名）が鎌倉入りし鎌倉公方となる。補佐役の関東管領には上杉憲忠（憲実の子）が就任する。鎌倉府体制が再建される。鎌倉府体制が再建されてからも長沼荘の領有権をめぐって長沼淡路入道生空と長沼次郎の争いは続く。この点は、宝徳三年（一四五一）五月頃、長沼次郎の残党などが生空の長沼荘内の館に攻め入り合戦に及んでいることよりうかがえる（管領畠山持国奉書案「上杉家文書」）。

享徳三年（一四五四）十二月、足利成氏が上杉憲忠を鎌倉府の御所で殺害する。東国はこの事件をきっかけに約三十年間に亙って戦乱が繰り広げられる（享徳の乱）。享徳の乱では、長沼次郎は成氏方（古河公方方、成氏は享徳の乱初期に鎌倉から下総古河に移ったので古河公方と呼ばれる）に属し活躍する。次郎の家系は本拠を皆川荘（栃木市の旧皆川村地域）に移し、皆川氏を称するようになる。戦国期権力皆川氏の誕生である。一方、淡路守の家系は、属していた室町幕府・関東管領の影響力が東国とりわけ下野国内で後退していったことや、下総結城氏が勢力を長沼荘まで拡大させてきたことより、十六世紀以前に没落する。

ここまでが、戦国時代初期までの長沼氏のおおよその歴史である。

最後に、今後の課題を記したい。今後の課題としては、多様性など他の中世社会の歴史的な特質について、下野を中心とした史料で素描することである。この点については、今後の研究課題としたい。

第三章　戦国・近世初期の武将たちの信仰心は篤かった

—「佐八文書」を通して—

はじめに

戦国時代の特質の一つとして、信仰心が篤かったことが挙げられる。この時代は戦乱・災害・疫病・飢饉などが多く、死は常に大きな問題で、死の恐怖は身近なことであった。そのため、この時代の人々は神仏への信仰心は篤く、神仏に救いを求めたと言える。

本章では、この特質を戦国時代や近世初期の下野武将たちの伊勢信仰を通して考察する。伊勢信仰は、伊勢神宮（内宮と外宮からなる）に対する信仰である。伊勢信仰は、戦国時代に伊勢御師（「おんし」とも読む）が諸国を巡り伊勢信仰の普及に努め檀那を獲得していったため広まっていく。伊勢御師は、伊勢の地にあっては檀那が伊勢神宮へ参拝する際に宿泊所を提供し、神宮参拝の便宜を図った。その一方で、御師は檀那の居所に自身ないし代官が出向き、祈祷をした験である神宮大麻（お札）と土産を配り、代わりに檀那から供物として初尾（最花）などを受け取った。

「佐八文書」を所蔵する神宮文庫表門

戦国時代から近世初期の伊勢御師と下野の檀那諸氏との関係を伝える史料としては、三重県伊勢市の神宮文庫に所蔵されている「佐八文書（そうちもんじょ）」がある。この「佐八文書」は、伊勢内宮御師佐八氏と下野の檀那（だんな）諸氏との交流がうかがえる文書で、『栃木県史』史料編・中世二に翻刻され紹介されている。因（ちな）みに「佐八文書」を活用した研究としては、宗教史の分野、とりわけ下野の伊勢信仰の様相を明らかにした研究成果が多い。

本章では、先学の研究成果に学びつつ、まず現代人と比較し下野武将たちの信仰心の程度（度合）を、次いで祈願事項に着目し現代人と比較し神仏に救いを求める心情の異同を考察する。

一　現代人との信仰心の程度の比較

現代の日本人は、安産祈願・初宮詣（初参り）・七五三詣・厄除祈願・交通安全祈願・商売繁盛祈願・事業繁栄祈願などで寺社に詣（もう）でた時に初穂料（はつほ）（祈祷料）や布施（ふせ）を包み寺社に納めるのが一般的である。

それに対して、戦国時代から近世初期に生きた武将たちはどうだったであろうか。「佐八文書」に見える主な事例を紹介する。

一つ目は、祇園城（小山城とも、小山市中央町・城山町・本郷町）の城主小山高朝が天文五年（一五三六）十一月二十七日付けで伊勢内宮御師佐八与次に宛てた書状（小山高朝書状「佐八文書」）である。小山高朝は、戦国時代十六世紀前半に起こった古河公方家足利高基・晴氏間の抗争を経て、晴氏派の小山高朝が、敗れた高基派の小山小四郎某に替わって小山氏の当主に就いた人物である。高朝は、佐八与次に御祓太麻（お札）・料紙・油煙（墨）の到来を受けて毎年初穂料百疋（一疋は現在の金額で約千円、百疋は約十万円）を進納することを約束し、小山荘の伊勢役銭を調え送ると報じ、子孫繁昌の祈念を依頼している。

二つ目は、鹿沼城（鹿沼市今宮町・西鹿沼町）の城主壬生義雄が天正八年（一五八〇）閏三月五日付けで伊勢内宮御師佐八々之神主に宛てた書状（壬生義雄書状「佐八文書」）である。義雄は佐八々之神主に御祓太麻（お札）と茶を拝領した礼を述べ、毎年のように初尾三百疋を進納することを述べ、武運長久・子孫繁昌の祈念を依頼している。

三つ目は、宇都宮氏門閥の譜代重臣で益子城（益子町益子）の城主益子治宗が戦国時代末期の天正期十一月八日付けで伊勢内宮御師佐八神主に宛てた書状（益子治宗書状「佐八文書」）である。治宗は佐八神主に「御祓〔大脱カ〕麻」（お札）と土産を送ってくれた礼を述べ、毎年のように最花五十疋を進納することを約束している。

四つ目は、那須氏門閥の譜代重臣の流れをくむ豊臣大名黒羽城（大田原市前田）の城主大関資増が文禄三年（一五九四）霜月十七日付けで伊勢内宮御師佐八七神主に宛てた書状（大関資増書状「佐八文書」）である。資増は、佐八七神主に御祓（お札）と土産三種を送ってくれた礼を述べ、初尾五十疋を毎年のように進納すると報じ、祈祷を依頼している。

五つ目は、宇都宮氏当主の直属重臣岡本高通が文禄期霜月二十九日付けで伊勢内宮御師佐八神主に宛てた書状（岡本高通書状「佐八文書」）である。岡本高通はまず伊勢神宮に参詣したが、佐八神主の宿所に行かず無念であったことを述べ、次いで佐八神主が祈念し種々届けてくれた礼を述べ、毎年のように青銅（銭）十疋を進納することを報じている。

六つ目は、那須氏門閥の有力一族で柵山城（御古屋敷館、大田原市佐久山）の城主福原資保が慶長四・五年（一五九九・一六〇〇）頃の十二月十八日付けで伊勢内宮佐八氏に宛てた書状（福原資保書状「佐八文書」）である。福原資保は佐八氏に、毎年のように使者を派遣してくれて御祓（お札）と土産五種を届けてくれた礼を述べ、初尾を例年（いつもの年）のように二十疋進上すると約束し、祈祷を依頼している。

七つ目は、那須氏門閥の有力重臣の流れをくむ徳川大名大田原城（大田原市城山二丁目）の城主大田原増清が慶長六年（一六〇一）から寛永三年（一六二六）頃の正月八日付けで伊勢内宮御師佐八五神主に宛てた書状（大田原増清書状「佐八文書」）である。大田原増清は佐八五神主に恒例のように御祓太麻（お札）を拝領した礼を述べ、武運長久の祈祷を依頼し、毎年のように最花として青銅（銭）二十疋を進上することを約束している。

以上、七つの事例を通して言えることは、戦国時代から近世初期の武将たちが、伊勢内宮御師佐八氏から御祓大麻（お札）や土産などを拝領したお礼の意味もあったかもしれないが、毎年初穂料を佐八氏に納めていたことである。このことからは、現代人が祈祷の時だけ初穂料を納めていることと比較すると、戦国時代から近世初期の武将たちの方が信心深かったと言えよう。

筆者はかつて戦国時代から近世初期の下野の武将たちが伊勢内宮御師佐八氏に進納した初尾（最花）額について、「佐八文書」を通して考察したことがあった（拙稿「伊勢内宮御師佐八氏と下野の檀那諸氏との関係」、拙著『戦国・近世初期の下野世界』所収、東京堂出版）。彼らが佐八氏に納めていた初尾（最花）額は、彼らの家の家格や身分に応じた額ではなく、彼らの信心の度合いで額に多い少ないがあったことを指摘した。また、彼らは伊勢神宮を崇敬し、神の加護でご利益に預かりたいと思っていた人が多かったことも述べた。

戦国時代から近世初期の武将たちのなかには、伊勢御師佐八氏から見ると、改易になる以前の宇都宮国綱のように不満な檀那もいた。すなわち、昔は宇都宮氏からの初尾料は毎年二〇〇疋であった。しかし、宇都宮領内の栗嶋郷（高根沢町栗ケ島・芳賀町八ツ木一帯）が伊勢神宮領として寄進され毎年土貢十貫文（一貫文は現在の金額で約十万円、十貫文は約百万円）を納めるようになってからは宇都宮氏が初穂料を出していないと佐八氏は不満を持っていた（神宮文庫所蔵「下野国檀那之事」）。また、栗嶋郷の近所に住む宇都宮氏家臣の平田助八郎や祖母井五郎衛門尉のように佐八氏から見るとよくない者、伊勢神宮への信仰心で物足りない者もいた（神宮文庫所蔵「下野国檀那之事」）。

しかし、総じて戦国時代から近世初期の武将たちは、現代人以上に信仰心が篤かったと言えよう。この点は、戦国時代武将たちの間で起請文（宣誓書）を取り交わした際に、崇敬する神社名や神名を記した神文の部分に、違反した場合には神々の罰を受けると記していることからも指摘できる。

二　武将たちの祈願事項

後掲表1（七一頁）は、「佐八文書」に見える下野武将や彼らの後室の祈願事項を一覧表にしたものである。「佐八文書」には祈願事項を記した文書もあるが、大半は「弥以って御祈念の儀、憑み奉り候外他なく候」（大関資増書状「佐八文書」、原漢文）とか、「猶御精誠之を任せ奉る外他なく候」（福原資保書状「佐八文書」、原漢文）のように、具体的な祈願事項を記さず漠然と祈祷依頼文言を記した文書が多い。このことを前提に表1を見ていく。

表1の祈願事項で最も多いのが、戦国時代や近世初期という時代的な風潮を反映してであろうか、「武運長久」である（No.1・3・4・5・12・29～34・36～39・41）。次いで多いのが「家」に関係した「子共繁栄」（No.6）・「家門繁昌」（No.22）・「子孫繁昌（繁栄）」（No.29～38・40）である。この時代の武

将たちが「家」というものを重視し、いかに「家」の存続や発展を願っていたかがうかがい知れる。
興味深い点は、彼ら武将たちが自分の直面していた窮状から出た祈願事項を記し伊勢神宮に祈願依頼していたことである。主なものを具体的に見ていく。

まず、宇都宮国綱の場合。宇都宮国綱は豊臣秀吉の第一次朝鮮出兵である文禄の役では秀吉の命で朝鮮に渡海し釜山浦で秀吉の奉行人増田長盛につき従い城普請をする一方で、肥前名護屋城（佐賀県唐津市鎮西町・同県玄界町）近くの針尾の地に陣所を構えていた（豊臣秀吉朱印状「浅野家文書」、「名護屋古城記」）。No.7からは、「唐入」に伴う慣れない異国や異郷の地における身体安全や武運長久を祈願していたことが推測される。

国綱は、慶長二年（一五九七）十月、豊臣秀吉により「内輪不慮ニ付」（家中内紛）改易に処せられる（「義演准后日記」）。国綱は改易後宇都宮家の再興、本領回復の機会をうかがっていた。国綱は秀吉の二度目の朝鮮出兵（慶長の役）に際し、朝鮮の地で武功を立て秀吉の勘気を解き、宇都宮家の再興をめざし渡海したが、秀吉が病没したことにより、国綱の思惑は閉ざされてしまう（「宇都宮高麗帰陣軍物語」）。その後の国綱は、伊勢神宮や伊勢内宮御師佐八氏を頼り、神の加護により御家再興、本領回復をめざした。こうした動きが、表1のNo.8からNo.11の国綱による伊勢内宮御師佐八氏や伊勢神宮への御家再興、本領回復の神頼みであったと言えよう。

宇都宮家の御家再興や本領回復の神頼みは、国綱の実弟で芳賀氏に入嗣した芳賀高武や国綱の側近の重臣清水高信（法名高遙）も同じで、伊勢神宮や佐八氏を頼った（No.21・24・25）。しかし、こうした国綱たちの願いも空しく、御家再興、本領回復の宿願を果たすことができなかった。宇都宮氏関係諸系図の伝承によれば、国綱は慶長十二年（一六〇七）十二月武蔵浅草の地で病没したという。

国綱の後室小少将は、国綱の死後慶長十五年に江戸城にあがり東福院（徳川秀忠の娘和子）の乳母となった。江戸城にいた小少将も宇都宮家の御家再興をめざし、佐八氏に国綱の嫡男義綱が取り立てられるように祈祷依頼した（No.14～16）。

次に、宇都宮氏の門閥の有力一族塩谷義綱の場合。川崎城（矢板市川崎反町）の塩谷義孝（義綱の父）は、永禄九年（一五六六）九月、那須資胤に与する喜連川城（大蔵ケ崎城とも、さくら市喜連川）の叔父塩谷孝信に攻められ横死し、同城は孝信などの占領下に入る（『下野国誌』所収「重興塩谷系図」、なお同系図の「永禄七年」表記は「永禄九年」の誤記）。義孝の子伊勢松丸（義綱の幼名）は、重臣山本義宗の居城宇都野城（鳩ケ森城とも、那須塩原市宇都野）に逃れる。伊勢松丸を擁する山本義宗と子の長鶴丸は、永禄九年九月二十四日付けで佐八掃部亮に書状を送り、伊勢松丸の川崎城復帰の祈念を依頼し、復帰が叶ったならば毎年五十疋を進納すると約束している（No.20）。伊勢松丸・山本義宗方は、主君筋の宇都宮広綱や広綱の同盟者である常陸佐竹義重の支援を得て、翌永禄十年九月下旬までに川崎城に帰城する（No.18）。伊勢松丸は、「早速帰城」したことを喜び、佐八掃部丞が祈念したお蔭と謝して、喜連川大蔵崎郷道西内の地を寄進し、毎年土貢（年貢）などであろうか、進納を約束している（No.18）。

次に、小山政種の場合。小山氏は、本拠の祇園城（小山城とも、小山市中央町・城山町・本郷町）を小田原北条氏の猛攻の前に天正三年（一五七五）十二月二十五日以前に攻略される（北条氏政書状「岡本貞烋氏所蔵文書」）。

祇園城を出た小山秀綱は常陸佐竹義重を頼り、常陸古内宿（茨城県城里町）に移り、祇園城の奪還をめざす（上杉謙信書状「野呂徳男氏所蔵文書」）。秀綱は、古河公方足利義氏さらには義氏経由で北条氏政・氏直父子に接近するために、当時義氏に良く思われていなかったこともあり、嫡男伊勢千代丸（政種の幼名）に小山氏の当主の地位を譲り、祇園城の奪還をめざした。そのような訳で、小山氏の当主となった伊勢千代丸は、父秀綱の後見の下、天正五年（一五七七）八月二十四日付けで佐八掃部大夫に祇園城への帰城祈念依頼をし、小山領の下出井郷（小山市出井一帯）を寄進する旨約束する寄進状（No.42）を出している。

その後、小山氏関係諸系図の伝承によれば、伊勢千代丸は天正八年九月享年十四歳で死去したという。伊勢千代丸を通して古河公方足利義氏に接近し、義氏に小山氏と北条氏政・氏直父子との間の抗争を調停・和睦してもらい、祇園城の奪還をめざす秀綱の思惑は失敗する。

次に、小山秀勝の場合。小山氏は、天正十八年（一五九〇）七月下旬から八月上旬にかけての豊臣秀吉による宇都宮仕置で改易に処せられる。小山氏は秀綱の子秀広、秀広の子秀恒、さらには秀恒の子秀勝・秀堅兄弟が代々御家の再興をめざす。No.43とNo.44は、高齢で隠居の身であった秀勝が、弟の六郎（秀堅）を日光山門跡ルートで徳川将軍家に仕官の「御訴訟」（陳情）をしたことを佐八掃部（かもん）に報じ、仕官運動がうまくいくよう祈念を依頼した書状である。なお、秀堅は、徳川将軍家にではなく、水戸徳川家（水戸藩）に寛文五年（一六六五）に仕官していく（「水府系纂」四六上「小山系図」）。

以上である。窮状に直面し、救いを神仏に求めるのは現代人も同じであろう。現代人の中にも仏壇や墓地で先祖や亡くなった両親に向かって願いが叶うよう祈願したり、神社や寺院に参詣し願いが叶うように神仏の加護に預かろうとしたりしている人がいる。こうした窮状から神仏に救いの手を求める心情や行動は、現代人も戦国・近世初期の武将たちも変わらないということが指摘できよう。

おわりに

以上、本章では、戦国時代から近世初期の武将たちの信仰心について、「佐八文書」を通して現代人との比較で考察した。結果として、以下のことを明らかにした。

第一節では、戦国時代から近世初期の武将たちの方が現代人より信仰心が篤（あつ）かったことを述べた。第二節では、戦国時代から近世初期の武将たちが家を重視していたため、祈願事項からは時代も反映し、「武運長久」・「家門繁昌」・「子孫繁昌（繁栄）」が多かったことを指摘した。

また、困難な状況に陥った場合、戦国時代から近世初期の武将たちも現代人も神仏に救済を求める心情は変わらず同じであったことを述べた。

戦国時代から近世初期と現代では時代相が異なり、安易に人間の心情を比較して論ずるのは控えなければならないという意見もあろう。しかし、今も昔も「苦しい時の神仏頼み」は変わらない。意志の弱い筆者は、日頃の宗教心はともかく、最後は神様・仏様にすがるのが常である。

今後は、戦国時代から近世初期までにとらわれることなく、中世全般の下野の人々の信仰心や信仰の様相を考察していきたい。

表１　「佐八文書」に見える下野武将たちの祈願事項

No.	年月日	発給者（檀那名）	受給者（御師）	祈願事項等	文書名	文書番号
那須名字一族						
1	極・9	八郎（那須八郎）	神主佐八殿御報	「尚武運長久之所奉頼候」	書状	36
富久原氏（慶長期に福原氏と改名字）　那須氏門閥の有力一族						
2	[天正14]弥生・19	宗存（冨久原資孝）	内宮　佐八七神主殿回答	「一両年已前致閑居候、子供御祈念偏憑入迄候」	書状	9
大田原氏　那須氏門閥の有力重臣の流れをくむ自立した徳川大名						
3	[慶長5以降] 極・21	太田原出雲守増清	五神主殿尊報	「於御神前武運長久之御祈祷、無御取紛所奉頼候」	書状	98
4	[慶長6～寛永3] 正・8	増清（大田原増清）	佐八五殿尊報	「猶以武運長久之御祈祷奉頼候」	書状	99
大関氏　戦国時代は那須氏門閥の有力重臣、豊臣期は自立した豊臣大名						
5	[天正6]極・19	安碩斎道松 （大関高増）	佐八殿御報	「愚之事者閑居候、子候弥十郎（清増）武運長久之御祈念憑入候」	書状	269
6	[文禄3]霜・18	未庵道松 （大関高増）	謹上佐八七神主殿御報	「追而子共繁栄申候、御祈念故候」	書状	270
宇都宮当主						
7	[天正20]3・朔日	国綱（宇都宮国綱）	謹上内宮佐八七神主殿	「今度唐入付而被抽精誠、御祈祷」「弥於御神前御祈念任入候」	書状	46
8	[慶長4・5頃]2・19	国綱（宇都宮国綱）	佐八五神主殿御報	「将亦身上安度〔堵〕所、憑入迄ニ候」	書状	49
9	[慶長4]閏弥・11	宇都宮弥三郎国綱 （宇都宮国綱）	内宮佐八七神主殿貴報人々	「弥々身上存様ニ御精誠奉憑候、万一身上落居仕候者、大御供三年可奉上候」	書状	51
10	[慶長4]9・吉日	宇都宮弥三郎国綱	——	「奉懸立願事、右意趣者、於本領安堵還住成就者、300石所領限永代可奉致寄進候」	願文	209
11	[慶長4]10・3	国綱（宇都宮国綱）	七神主殿御報	「拙者身上安堵之御祈祷之儀、単神主殿可有御意候」	書状	203
12	亥2・21	宇都宮弥三郎義綱	佐八掃部殿御報	「於　神前弥武運長久御精誠頼入申候」	書状	206

No.	年月日	発給者（檀那名）	受給者（御師）	祈願事項等	文書名	文書番号
小少将（宇都宮国綱後室東氏）等						
13	——	某	かんぬし殿申給へ	「うつのミや（宇都宮）ミやうし（名字）口口我身うちにてとりたて（取立）候やうニ御きたうたのミ」	消息	196
14	——	小少将（宇都宮国綱後室東氏）	かんぬし殿まいる申給へ	「弥三郎（宇都宮義綱）事、一たひよに立ち、御いせさまへもまいねんのことく、御ちきやう上候やうに、御きねんたのミ」	消息	198
15	——	小少将（宇都宮国綱後室東氏）	——	「や三郎（宇都宮義綱）、たうねん内ニしんしやう（身上）すミ候やうに」「御神への御きたう（祈祷）の事ひとへニたのミ入まいらせ候」	消息	201
16	——	小少将（宇都宮国後綱室東氏）	かんぬし殿申給へ	「弥三郎（宇都宮義綱）、うつのミやミやうし（宇都宮名字）とりたて（取立）候やうに、御きねんたのミ御入まいらせ候」	消息礼紙ウハ書	202
塩谷氏				宇都宮氏門閥の有力一族		
17	永禄6・霜・14	塩谷左右右衛門太夫義孝	佐八掃部丞殿進之候	「此度沢村之地口属本意候、畢竟於御神前被抽御精誠故候、従来年比恵田郷土貢500匹宛令進納候」	書状写	321
18	永禄10丁卯・9・26	塩谷伊勢松丸	内宮佐八掃部丞殿参	「此度早速帰城、御祈念故候、如毎年為寄進之地喜連川大蔵崎郷道西内奉進納候」	書状写	322
19	[天正14]2・7	義綱（塩谷義綱）	内宮佐八七神主殿御報	「弓箭至如存者、猶重可奉進納候」	書　状	288
山本氏				塩谷氏の重臣		
20	永禄9・9・24	山本上総守義宗・長鶴丸	佐八掃部亮殿御宿所	「為御立願一書令申候」「伊勢松殿（塩谷義綱）目出度川崎へ自当地於本意者、毎年50疋進納可申候」	書　状	171
芳賀氏				宇都宮氏門閥の有力重臣		
21	[慶長4]10・6	清原高武（芳賀高武）	佐八七神主殿人々御中	「宇都宮於本意者、当座之為御初頭金子2枚進可申候」	願　書	211
今泉氏				宇都宮氏当主直属の有力重臣		
22	[天正19～慶長2]2・14	今泉但馬守高光	内宮佐八殿御報	「於　御神前ニ家門繁昌之御祈念奉憑入候」	書　状	168

No.	年月日	発給者（檀那名）	受給者（御師）	祈願事項等	文書名	文書番号
君嶋氏				宇都宮氏当主直属の有力重臣		
23	[天正19]霜・12	高郷（塙靭負高郷）	佐八七神主殿人々御中	「弥三郎（宇都宮国綱）参宮被申候処、横合之儀候而御貴宿へ不被参候」「弥三郎弥々繁昌仕候様、御祈祷可有御前候」	書状	253
清水氏				宇都宮氏当主直属の有力重臣で宮殿惣奉行		
24	[慶長4]閏3・11	清水大和守高信	佐八神主様御報人々	「弥三郎（宇都宮国綱）身上如前々落着申候様ニ御精誠可有御座候」	書状	167
25	慶長4・9・吉日	清水大和守入道高遙	——	「奉懸立願事、右意趣者、弥三郎（宇都宮国綱）身上於安堵者」	願文	215
永山氏				宇都宮氏当主直属の有力重臣		
26	[永正13]7・13	修理亮忠好頭（永山忠好）	謹上　佐八美濃守殿御宿所	「別而尚以安全御祈可被憑入由存候」	書状写	54
27	[大永7]11・17	沙弥道損（永山忠好）	謹上佐八美濃守殿貴報	「如御存知于今致他国候」「帰宿之事御祈念奉頼候」 ※「宿」⇒氏家宿ヵ	書状	61
28	11・11	沙弥道損（永山忠好）	謹上　佐八美濃守殿御報	「宇都宮江罷帰、如斯申承度候」	書状	62
壬生氏当主						
29	[天正2～天正4]卯・27	中務太輔義雄（壬生義雄）	謹上内宮佐八八神主殿御報	「壬生・鹿沼両地御最花5貫文奉進納候、弥々武運長久・子孫繁昌之御祈念奉頼候」	書状	279
30	[天正4～天正7]卯・17	上総介義雄（壬生義雄）	謹上佐八七掃部助殿御報	「此上猶以武運長久・子孫繁栄之御祈念頼入候」	書状	274
31	[天正7～天正13]夷則・2	上総介義雄（壬生義雄）	謹上　佐八七神主殿御報	「弥々武運長久・子孫繁昌之御祈念頼入候」	書状	276
32	[天正8～天正14]正・23	上総介義雄（壬生義雄）	謹上八之神主殿御報	「弥武運長久・子孫繁昌之御祈祷憑入候」	書状	277
33	[天正8]壬3・5	上総介義雄（壬生義雄）	謹上佐八々之神主殿御宿所	「弥武運長久・子孫繁昌之御祈念頼入候」	書状	275
34	[天正11]卯・6	上総介義雄（壬生義雄）	謹上八之神主殿御報	「弥武運長久・子孫繁昌之御祈念憑入候」	書状	280

No.	年月日	発給者（檀那名）	受給者（御師）	祈願事項等	文書名	文書番号
35	[天正12]2・3	上総介義雄（壬生義雄）	謹上八之神主殿御宿所	「旧冬娘伊勢亀相煩候間、大神楽令立願候処、則平元」「弥子孫繁昌・寿命長遠之御祈念憑入候」	書状	278
36	[天正14]7・26	上総介義雄（壬生義雄）	謹上佐八七之神主殿御報	「弥以武運長久・子孫繁昌之御祈念憑入候」	書状	281
37	[天正16]閏5・24	上総介義雄（壬生義雄）	謹上　佐八七神主殿	「尚以武運長久・子孫繁昌之御祈念之儀、所仰候」	書状	283
38	己丑（天正17）12・9	上総介義雄（壬生義雄）	謹上佐八七神主殿御宿所	「猶武運長久・子孫繁昌之処、御祈念憑入候条」	書状	282
小山氏当主						
39	大永8・正・28	右京大夫政長（小山政長）	——	「依有大厄」「懇祈意趣者、為天下安全、殊自身・妻子・被官事、氏武運長久、兼て無悩障災延命故也」	願文	213
40	12・11	前下野守高朝（小山高朝）	謹上　内宮佐八掃部助殿	「為此度之弓箭立願　大神楽銭12貫文令進納候、猶以本領安堵、子孫繁昌之様ニ、於　神前御祈念尤候」	書状	245
41	永禄5壬戌・正・13	秀綱（小山秀綱）	佐八掃部大夫殿	「寒川之内1000疋之所、宿願ニ付而令寄進候、武運長久当城（小山城）繁栄之被抽精誠、尤可為大悦候」	寄進状	210
42	天正5・8・24	伊勢千代丸（小山政種）	謹上　佐八掃部大夫殿	「祇園江帰城之御祈念、大御供　伊勢掛立願候、仍下出井郷、永代奉寄進候」	書状	183
43	正・27	小山小四郎秀勝	謹上内宮佐八掃部様貴報	「六郎御祈念之儀、奉頼候」「日光御門跡へ頼上候御訴訟之儀」	書状	65
44	2・28	小山小四郎秀勝	内宮謹上佐八掃部殿御報	「御訴訟御祈念、被入御精被下候由、八郎兵物語」「牢人故」	書状	64

（注）『栃木県史』史料編・中世二所収「佐八文書」等より作成。また、表の作成に際しては、栃木県立文書館の史料写真帳により読みを改めた箇所もある。また、文書番号の欄の数字は前記県史所収「佐八文書」の通し番号である。

第四章　中世は多様性の社会だった
―下野板碑の様相から―

はじめに

中世は、荘園公領制という中世の土地制度から考えると、平安時代後期（院政期、十一世紀後半）に始まり、鎌倉時代・南北朝時代・室町時代・戦国時代を経て豊臣秀吉の天下統一（十六世紀末期）で終わる。約五〇〇年間である。中世社会の歴史的特質としては、土地を介した主従制、権力の分権性、神仏に対する信仰心の篤さ、自力救済の原則、様々な分野における多様性などが指摘できる。

取り分け中世社会の多様性については、米などの穀物をはかる容器である枡の大きさが荘園によって違っていたことや、中世遺跡の発掘調査で出土した銭百文、すなわち銅銭の孔に紐を通した「緡銭」の枚数が百枚であることはほとんどなく、九七枚ないし九六枚で通用していたことなどが紹介されている（石井進「銭百文は何枚か」『信濃』40−3、清水克行『室町は今日もハードボイルド―日本中世のアナーキーな世界』新潮社）。

本章では、下野の中世社会の多様性について、板碑の様相を通して見てみる。板碑は石製の塔婆である。五輪塔や宝篋印塔などと同じで、中世に追善供養（死者の冥福を祈るための供養）や逆修供養（生前に仏事を行い自分自身の現世の幸福と来世での冥福を祈ること）のために造られた塔婆、供養塔である。

板碑は、中世の日本列島全域（北は北海道南部の函館市から南は鹿児島県まで）で、全国各地の山石や川石を使って造立される。板碑は、鎌倉時代前・中期にあらわれ、鎌倉時代後期にその数を増やし、南北朝時代に最盛期を迎え、室町・戦国時代には造立数が減っていき、江戸時代になるとほとんど見られなくなる。鎌倉時代や南北朝時代には経済力のあった在地の武士や彼らと関係のあった僧侶が造立者となり、室町時代以降になると生産力が上昇し、上層農民や有徳人と呼ばれた富裕な人々も造立者に加わっていく。史料点数の少ない中世にあっては、板碑の分布状態を調査すれば、中世の信仰形態や中世集落の位置や中世の交通路（鎌倉道などの道筋）などを理解することができ、貴重な史料と言える。

栃木県内の板碑については、栃木県内自治体史の史料編で史料紹介され、通史編で考察が加えられている。県内全体を俯瞰した近年

武蔵型板碑
（下野市立国分寺小学校所蔵）

の論考としては菊地卓・和久井紀明・佐々木茂・藍田収・齋藤弘氏などの論考がある（後掲五氏の参考文献参照）。

ここでは、彼ら先学の研究成果に導かれながら中世社会の歴史的な特質である多様性という観点から考察してみたい。

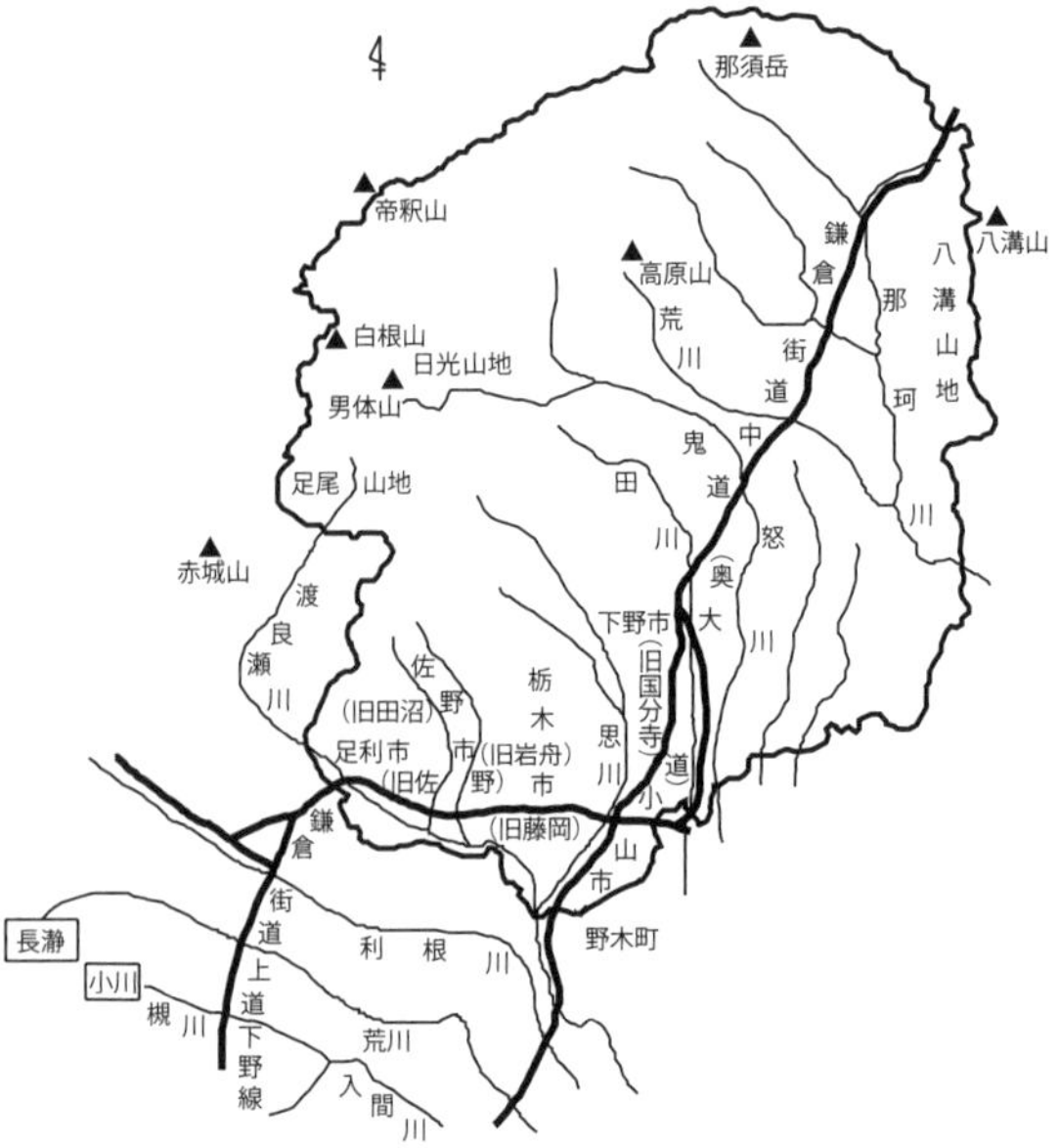

図１　栃木県内中世古道と河川

一　武蔵型板碑

筆者が初めて板碑を見たのは大学の恩師・先輩に同行し、小山市の天翁院に行った時である。次いで見たのは大学の先輩に連れられ訪れた栃木市岩舟町小野寺の住林寺の板碑である。その後、結城市史・足利市史・野木町史・南河内町史などの編纂に参加した関係で板碑を見、採寸、拓本採取等の機会にも恵まれた。こうした体験から得た板碑のイメージは、深緑色をした細長い板状の長方形の石を使い、頭部を山形（三角形）に加工し、その下に二条線という切り込みの横の線を入れ、碑面の中央やや上の方に造立者が信仰する仏を梵字（古代インドの文字、種子とも）や図像で刻み、その下に蓮座（蓮の形をした台座）や花瓶、造立年月日などが彫り刻まれたものという感じである。

石材は、恩師や先輩から関東地方の板碑では荒川上流域の埼玉県秩父郡長瀞地域（現埼玉県長瀞町一帯）や、入間川に合流する槻川沿いの同県比企郡小川地域（現同県小川町一帯）でとれる緑泥片岩（青石とも）が主流であるということを知った。因みにこのタイプの板碑は武蔵型板碑（青石塔婆とも）と呼ばれていることも教えていただいた。

武蔵型板碑は、前頁図1で足利市から佐野市（特に旧田沼町と旧佐野市）・栃木市（特に旧岩舟町と旧藤岡町）を経て野木町・小山市・下野市南部（特に旧国分寺町）に至る本県の南西部から南部地域に多く、県内の板碑の種類別基数では最も多い。これらの地域は、図1からもわかるように、緑泥片岩の産地である秩父長瀞地域や比企郡小川地域と荒川・槻川・入間川・利根川・渡良瀬川やその支流とつながり、陸上交通でも鎌倉街道上道下野線や鎌倉街道中道（奥大道とも）で長瀞地域や小川地域と結びついていた。先学齋藤弘氏は、重くて壊れやすい緑泥片岩の輸送は、量産化が進むほど陸上交通ではコストがかさみ、水上交通の方に比重が高まったと推測している（齋藤「下野の板碑」『板碑の考古学』所収、同「下野の板碑と中世的信仰世界の転換」『歴史と文化』二七号』）。これらの地域に武蔵型板碑が多いのは、陸上交通も使用したと思われるが、水上交通で長瀞地域や小川地域と結びついていたためと考えられる。

ところが、後日板碑の先学から県内には武蔵型板碑の他に石材の異なる板碑があることを知らされ驚く。第二節では、武蔵型板碑の最大の特徴である緑泥片岩を石材として使用していない板碑、便宜「非武蔵型板碑」と名付け見ていく。

表1　栃木県内の主な非武蔵型板碑一覧

No.	市町名	所在地	板碑名	年紀	石材
1	那須町湯本	喰初寺本堂	題目板碑		輝石安山岩
2	那須町芦野	西光寺墓地	名号板碑	慶長17（1612）壬子年10月21日	輝石角閃石デイサイト質溶結凝灰岩
3	那須町伊王野	専称寺境内	阿弥陀一尊種子板碑		〃
4	〃	〃	種子不明板碑		〃
5	那須町梁瀬	梁瀬氏墓地	種子不明板碑		デイサイト質凝灰岩
6	〃	〃	種子不明板碑		〃
7	那須塩原市関根	那須野が原博物館（旧在地：那須塩原市関根の関根共同墓地）	阿弥陀三尊種子板碑	延元（1336-40）	緑色凝灰岩
8	那須塩原市上黒磯	福田家墓地	阿弥陀一尊種子板碑		輝石安山岩
9	〃	〃	阿弥陀一尊種子板碑		デイサイト質凝灰岩
10	那珂川町松野	個人の宅地内	金剛界大日一尊種子板碑	貞和3年（1347）2月27日	硬質砂岩
11	〃	〃	阿弥陀三尊種子板碑	天正16年（1588）6月13日	〃
12	〃	〃	大日一尊板碑	慶長2年（1597）3月13日	〃

13	那須烏山市上大桶	阿弥陀堂共同墓地	阿弥陀三尊種子板碑	嘉暦２年(1327)11月８日	〃
14	さくら市喜連川	芝山薬師堂参道	種子不明板碑		輝石安山岩
15	〃	喜連川公民館	阿弥陀一尊種子板碑	康永元年(1342)	輝石安山岩
16	〃	龍光寺境内	阿弥陀一尊種子板碑	康永元年(1342)10月日	砂岩
17	さくら市氏家	さくら市ミュージアム(旧在地：さくら市上阿久津)	五大種子板碑	建武元年(1334)6月29日	輝石安山岩
18	〃	〃	阿弥陀三尊種子板碑	嘉暦３年(1328)8月15日	花崗斑岩
19	〃	〃	阿弥陀三尊種子板碑	建武３年(1336)	輝石安山岩
20	〃	昌玖寺境内	五大種子板碑		〃
21	〃	光明寺墓地	阿弥陀一尊種子板碑	元徳２年(1330)卯月20日	〃
22	〃	古町薬師堂跡	阿弥陀一尊種子板碑		〃
23	〃	〃	薬師一尊種子板碑		〃
24	〃	〃	阿弥陀三尊種子板碑	嘉暦元年(1326)8月27日	〃
25	〃	〃	阿弥陀三尊種子板碑	正和５年(1316) 5月日	〃

26	〃	〃	阿弥陀一尊種子板碑	正安３年(1301)４月27日	花崗斑岩
27	〃	〃	五大種子板碑	元弘４年(1334)４月15日	花崗岩
28	〃	〃	阿弥陀一尊種子板碑		輝石安山岩
29	〃	古町旧奥州街道北側	阿弥陀一尊種子板碑		〃
30	〃	今宮神社境内	阿弥陀一尊種子板碑		〃
31	〃	雷電神社境内	勢至一尊種子板碑		〃
32	〃	椿地蔵墓地	胎蔵界大日一尊種子板碑	嘉暦３（1328）戊辰７月９日	〃
33	真岡市寺内	荘厳寺境内	阿弥陀三尊種子板碑		砂岩
34	足利市葉鹿町	無量院境内	阿弥陀三尊種子板碑		輝石安山岩
35	〃	〃	阿弥陀一尊種子板碑		〃
36	〃	〃	阿弥陀三尊種子板碑		〃
37	足利市小俣町	笛吹坂遺跡			〃
38	〃	〃	元阿弥陀三尊種子板碑カ		〃
39	〃	〃	元阿弥陀三尊種子板碑カ		〃

40	〃	〃	阿弥陀三尊種子板碑カ		〃
41	〃	〃	胎蔵界大日・金剛界大日・阿閦三尊種子板碑		〃
42	〃	〃	阿弥陀三尊種子板碑		〃
43	〃	〃			〃
44	〃	〃			〃
45	〃	〃	阿弥陀三尊種子板碑		〃
46	〃	〃			〃
47	〃	〃	阿弥陀三尊種子板碑		〃
48	〃	〃	阿弥陀三尊種子板碑		〃
49	〃	〃	阿弥陀三尊種子板碑		〃
50	〃	〃	阿弥陀三尊種子板碑		〃
51	〃	恵性院墓地	陽刻五輪塔形板碑	延文５年(1360)	安山岩
52	足利市猿田町	徳蔵寺境内	地蔵一尊種子板碑	嘉慶２年(1388)戊辰３月17日	輝石安山岩
53	足利市大月町	村田庄一郎氏宅地内	阿弥陀一尊種子板碑		〃
54	佐野市閑馬	金原共同墓地内（上岡家墓地）	阿弥陀一尊種子板碑		〃

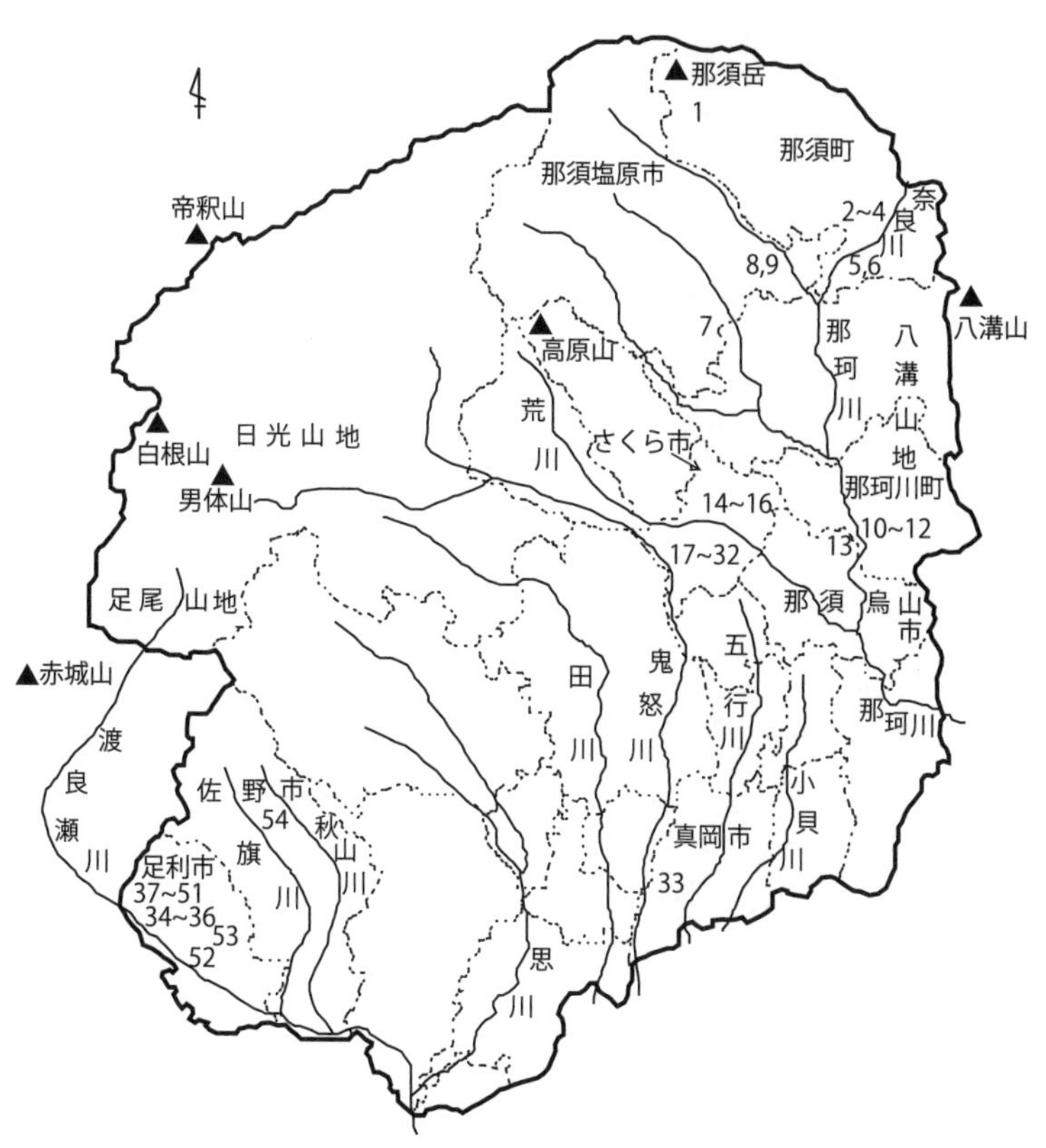

図２　栃木県内の主な非武蔵型板碑の分布

二　非武蔵型板碑

筆者は、昔栃木県立博物館に勤務していたことがあった。平成十六年度にテーマ展「石に刻まれた祈り―板碑を通して―」（会期：平成十六年＝二〇〇四年十二月五日～翌年一月三十日まで）を開催し、その前後板碑の専門家諸氏と栃木県内の非武蔵型板碑を調査した。筆者が栃木県内の非武蔵型板碑の調査を専門家諸氏と始めた理由としては、調査を開始した当時、栃木県内全体をカバーした調査がなく、那須地域・氏家地域・足利地域・佐野地域といった地域限定のものしかなかったためである（後掲渡辺龍瑞・長嶋元重・京谷博次・菊地卓・渡辺竜史氏参考文献参照）。

年欠阿弥陀一尊種子板碑
（那須町専称寺蔵）

那須町西光寺墓地板碑・石碑群

その後、齋藤弘氏が栃木県内の非武蔵型板碑を考察した論考（前掲齋藤「下野の板碑」及び同「下野の板碑と中世的信仰世界の転換」）を発表し、現段階における栃木県内非武蔵型板碑研究の到達点となっている。本章は斎藤氏の論考の屋上屋を重ねる感もあるが、筆者なりの考え方でまとめたものである。

表1と図2は、栃木県内の非武蔵型板碑を市町ごとに一覧表にし地図上に図示したものである。収集・把握した非武蔵型板碑は全部で54基である。以下、便宜分類してみる。

さくら市氏家古町薬師堂跡の河原石塔婆群

A．那須型

Aは、那須町芦野の西光寺墓地（No.2）、同町伊王野の専称寺境内（No.3・4）、同町梁瀬の梁瀬氏墓地（No.5・6）にある板碑群である。石材は、輝石角閃石（きせきかくせんせき）デイサイト質溶結凝灰岩（ようけつぎょうかいがん）やデイサイト質凝灰岩で、那須町芦野（あしの）を中心に国道二九四号線沿いで採れる山石である。地元では「芦野石（あしのいし）」

と呼ばれている。形状は、頭部を三角形ないしアーチ形に成形したものと、卵形で扁平な自然石を選び使用したものがある。正面は、扁平に削平したものと、張り出した額部と根部（基部とも）を持ったものがある。正面には二条線・種子・名号（「南無阿弥陀仏」）が刻まれている。

那須地域には、その他那須町湯本の喰初寺本堂にある輝石安山岩を板状に成形した題目板碑（No.1）、那須野が原博物館に所蔵されている元那須塩原市関根の関根共同墓地にあった塩原産の緑色凝灰岩を用いて武蔵型板碑に似せて造ったと思われる延元（一三三六～四〇）と年紀が刻まれている下部欠損の阿弥陀三尊種子板碑（No.7）及び那須塩原市上黒磯の福田家墓地にある輝石安山岩やデイサイト質凝灰岩の頂部を三角形に成形ないし自然石のまま用いた阿弥陀一尊種子板碑（No.8・9）がある。

B．さくら型

Bは、さくら市の旧喜連川町域（No.15・16）と同市の旧氏家町域（No.17～32）の、「河原石塔婆」とか「河原石供養塔」と呼ばれている板碑群である。石材は、輝石安山岩が多く、その他砂岩・花崗斑岩・花崗岩も見られる。鬼怒川の河原石を活用して造立した事例である。形状的には卵形でやや扁平な自然石を選びほとんど成形しないで、二条線（二条線のないものもあり）・種子・年紀を刻んだ板碑である。

さくら市には、この他に同市喜連川の芝山薬師堂の参道に、輝石安山岩を用い、頭部を三角形に成形し、張り出した額部及び根部（基部とも）を持つ、年欠種子不明の板碑（No.14）がある。なお、この板碑は、形状が那須地域や福島県地域の板碑と似ている。何らかの事情で当地まで持ち込まれたのであろうか。

C. 八溝型

Cは、那珂川町松野の個人の宅地内にある貞和三年（一三四七）二月二十七日銘金剛界大日一尊種子板碑（No.10）、天正十六年（一五八八）六月十三日銘阿弥陀三尊種子板碑（No.11）、慶長二年（一五九七）三月十三日銘大日一尊板碑（No.12）、及び那須烏山市上大桶の阿弥陀堂共同墓地内にある嘉禄二年（一二二七）十一月八日銘阿弥陀三尊種子板碑（No.13）である。石材は、八溝地域で採れる硬質砂岩（山石）である。

これら那珂川町の個人の宅地内にある板碑三基は、安定性を保つために自然石を三角形ないし下部にいくにつれ広がった三角形に近い形状に加工し、削平した正面に種子・年紀・銘文を彫り刻んでいる。No.10の貞和銘板碑は、頭部を三角形に成形し正面上方に種子、その下に年紀を刻む形式は中世の板碑らしさを感じる。No.11の天正銘板碑は、ほぼ三角形の形状で、阿弥陀三尊種子と年紀を刻む形式は中世の板碑に似ている。しかし、「禅阿弥陀仏為証果」「花山妙桃為菩提」「奉読誦（どくじゅ）法華経一千部供養之所　施主還家」と刻まれた文言からは近世的な供養塔をイメージする。中世から近世への過渡期の板碑と言えよう。№12の慶長銘板碑は、

那珂川町の個人の宅地内にある板碑三基　（左から慶長・天正・貞和銘板碑）

阿弥陀三尊種子板碑
（那須烏山市阿弥陀堂共同墓地）

胎蔵界大日等三尊種子板碑

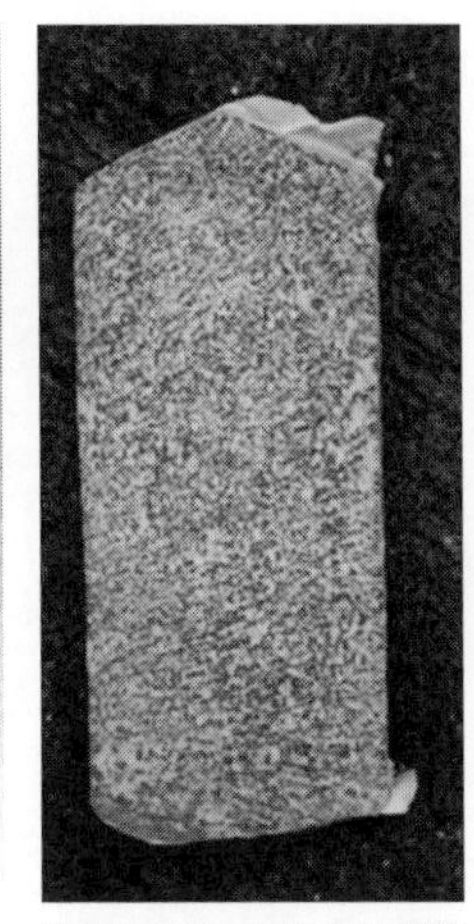

種子の刻まれていない板碑

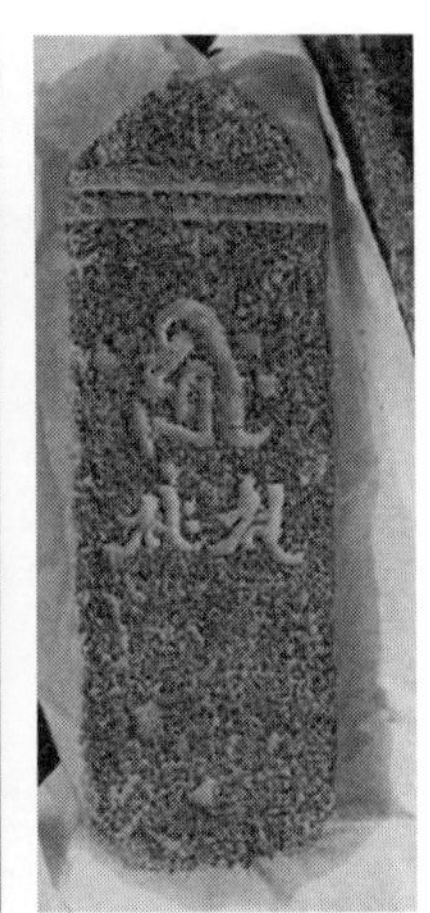

阿弥陀三尊種子板碑

足利市小俣町笛吹坂遺跡の板碑群

No.11をさらに崩したような三角形の形状になっている。正面上部に大日如来をイメージさせる光輪（丸い円）、その下に五輪塔を想起させる「空風火水地」の文字（真名）、左右に年紀が彫られている。そして最下部には、小河源左衛門が六月十三日に十七回忌を迎える金阿弥陀仏のために立てたことや、法華経一〇〇〇部を読誦して供養し、その功徳によって金阿弥陀仏が成仏するようにという願文が刻まれている。近世の供養塔に似た板碑と言えよう。

また、No.13の阿弥陀堂共同墓地内にある板碑は、頭部はM字にし、那珂川町の個人の宅地内にある板碑同様、安定性を保つために自然石を細長に用い、下部にいくにつれ広がった形状に成形している。

削平した正面には二条線・種子・年紀・銘文が彫り刻まれている。銘文は「主君御為　造立所也　敬白」と刻まれている。問題は、刻まれている「主君」が誰かである。先学新川武紀氏は板碑が存在する地理的条件から「主君」を大桶郷の領有者那須氏と考えている（新川「『主君』銘のある板碑」『（栃木）県史だより』三九号）。新川氏は、造立者である那須氏家臣が主君那須氏の「追福供養のために、嘉暦二年に造立したものである」としている。果たしてどうであろうか。当時の信仰を考えた場合、「主君」を僧侶ないし造立者が礼拝・供養の対象としている阿弥陀如来と捉えられないであろうか。この点については、後考を俟（ま）ちたい。

D．足利型

Dは、足利市西部の葉鹿（はじか）町や小俣（おまた）町で見られる板碑群である（№34～50）。石材は輝石安山岩である。先学齋藤弘氏によれば、戦国時代永禄期以前の渡良瀬川の本流は現在の矢場川（やばがわ）筋で、近世における遡行（そこう）できる終点の河岸（かし）は猿田（やえんだ）河岸（現足利市猿田町）で、葉鹿・小俣町域へ行くには途中から陸路となるという。武蔵型板碑の石材である武蔵長瀞地域などで産出される緑泥片岩を利用するよりも、コストの面で安価な足尾山系の末端にあり、渡良瀬川流域でも採取できる石材、輝石安山岩を活用したのであろうという（前掲齋藤「下野の板碑」及び同「下野の板碑と中世的信仰世界の転換」）。

形状は小形で縦長の厚手の石材の頂部を三角形に成形し、額部には突出が見られない。正面は二条線（二条線がないものもあり）と種子が刻まれているものと、削平しただけのものとがあり、蓮座・年紀等はほとんどない。背面は丸みを呈している。

なお、足利市大月町の村田庄一郎氏の宅地内にある輝石安山岩製の年欠阿弥陀一尊種子板碑（No.53）も、足利市葉鹿・小俣地区にある非武蔵型板碑と同系統の板碑である。

足利市には、この他に足利市小俣町の恵性院墓地には安山岩製の延文五年（一三六〇）銘陽刻五輪塔形板碑（「稚児の碑」、No.51）や、足利市猿田町徳蔵寺境内の輝石安山岩製の嘉慶二年（一三八八）銘地蔵一尊種子板碑（「かな地蔵」、No.52）などがある。

E．その他

ここでは、A～D以外のタイプの非武蔵型板碑で、単独で存在するものを紹介する。第一が、真岡市寺内の荘厳寺境内にある砂岩製の年欠阿弥陀三尊種子板碑である（No.33）。丸みを帯びた自然石を活用したと思われ、頂部をアーチ型に成形し、削平した正面に大きく梵字で阿弥陀を彫り、その下に小さく梵字で彫った観音（サ）・勢至（サク）を配している。第二が、佐野市閑馬の金原共同墓地内の上岡家墓地にある輝石安山岩製の年欠阿弥陀一尊種子板碑である（No.54）。形状はDの足利型と同系統のものである。

おわりに

以上、本章では中世下野（栃木県）の板碑についてその様相を概観した。数量的に一番多いのが県の南西部から南部を中心に見られる、荒川上流域の埼玉県秩父郡長瀞地域や槻川沿いの同県比企郡小川地域で産出される緑泥片岩を使った武蔵型板碑である。しかし、県内には武蔵型板碑の他に、各地の山石や川石を使った那須型・さくら型・八溝型・足利型などの非武蔵型板碑も見られた。その他、宇都宮市の清巖寺（せいがんじ）には正和元年（一三一二）銘の鉄製阿弥陀三尊画像塔婆がある。中世段階、板碑の石材や形式には「はやり・すたれ」があったであろう。また、中世人（ちゅうせいびと）が供養したいと考え板碑を造立しようとしても、財力や住地により限界があり、陸上交通よりも安価に運べる水上交通を選び石材を運んでもらったであろう。結果として、下野の中世人は、自分を取り巻く自然環境や財力などを考慮し、その土地ではやっていて入手しやすい石材を使用し、追善供養や逆修供養のために板碑を造立せざるをえなかったと言えよう。ともかく、今まで見てきたバラエティに富んだ板碑の存在は、環境や財力から決定された可能性が強いかもしれない。しかし、中世の下野社会が多様な板碑の存在を容認する柔軟な社会であったことも要因の一つとして考えておく必要があろう。「はじめに」で触れた枡や「緡銭（さしぜに）」の枚数なども考えあわせると、下野を含めた日本の中世社会が多様性を認める柔軟な社会であったことがうかがえる。その意味では、板碑は下野ひいて日本の中世社会の多様性を物語る史料の一つと言えよう。

最後に、今後の課題について述べる。下野の中世社会の多様性との関連では、他の分野でも多様性が見出せるかどうかを精査することである。

非武蔵型板碑との関連では、以下のことを解明することである。第一は、年欠の多い非武蔵型板碑の作成年代について、種子の形状や彫り方から推定することである。第二は、武蔵型板碑と非武蔵型板碑の共存地域における両者の関係性について、造立時期や造立主体から明らかにすることである。第三は、県内外に所在する形状の似た非武蔵型板碑同士を比較・検討することである。例えば、さくら型と新潟県粟島浦村（あわしまうら）の板碑、那須型と東北南部の板碑、さらには那須型とさくら市喜連川芝山薬師堂参道の板碑などを比較・検討することで、分布や移動を解明することができるであろう。

これらの点の解明については他日を期したい。

〔付記〕非武蔵型板碑の調査に際しては、三宅宗議・伊藤宏之・磯野治司・佐々木茂氏にお世話になった。記して感謝申し上げたい。

〔付記〕本章をまとめるに際しては清水昭二氏、齋藤弘氏のご教示を得た。記して感謝申し上げる次第である。

第五章　ひとつではなかった戦国武将の名前

はじめに

現代人は、生後十四日以内に住居地の役所（市役所、区役所及び町村役場）に届けた出生届に記載されている名前を生涯名乗るのが一般的である。また、その人が日本の仏教寺院（菩提寺）の檀家になっている場合、寺院の住職から大半が死後に事情によっては生前に（逆修で）戒名（宗派により法名・法号ともいう）を授けられるのが通例である。ともかく、現代人の場合、生存中の個人名と死後ないし稀に生存中に授けられる戒名（法名・法号）の二つが個人を表す指標と言える。

ところで、戦国時代の武将の名前の場合どうだったたであろうか。筆者は戦国時代を研究し始めた当初驚いたことがあった。著名な越後の戦国大名上杉謙信が生涯何度も名前を変え、虎千代―景虎―政虎―輝虎―謙信の順に名乗り、宗心と名乗った時期もあったことである（山田邦明『上杉謙信』、吉川弘文館）。上杉謙信がまるで出世魚のように名前を変えたのではないかと思った次第である。

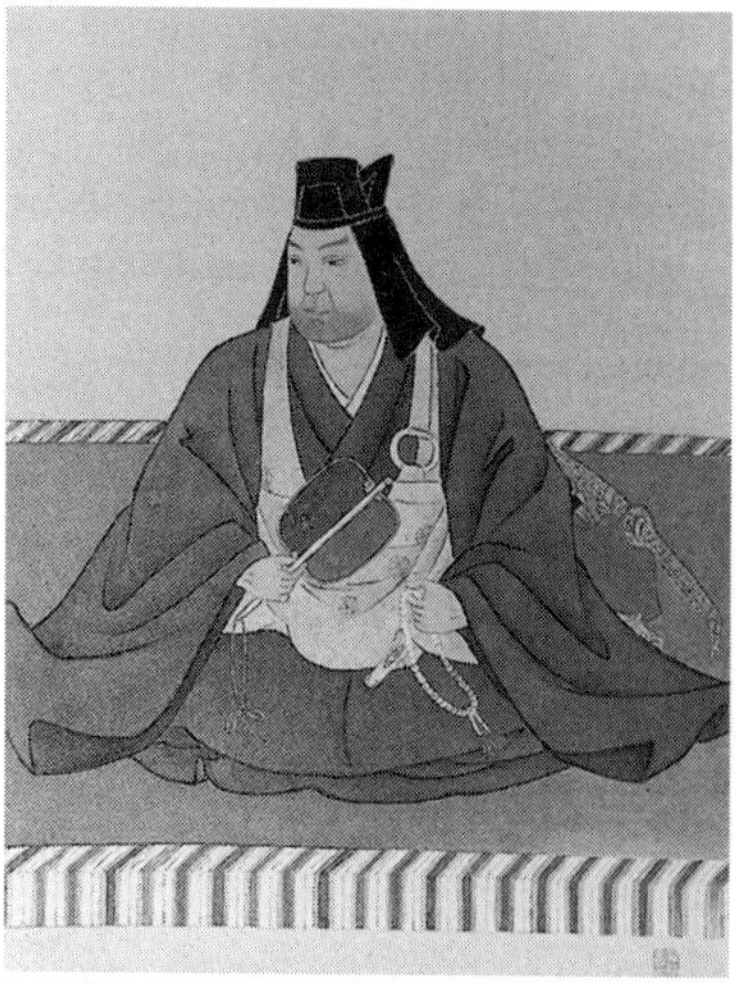
上杉謙信像
（米沢市上杉博物館所蔵）

本章では、一次史料から確認できる戦国時代下野の武将の名前を採り上げる。下野の戦国武将の名前については先学江田郁夫氏の研究成果（江田「戦国武将の幼名」と「宇都宮氏歴代の実名と東国秩序」、同『中世の下野を旅する』所収、随想舎）がある。ここでは、江田氏の成果を参考にしながら考察していく。

一　幼名

武家の家では男児が生まれると幼名がつけられる。幼名は「おさなな」とも読まれ、幼少の時の名前のことで、「小字」「童名」「若名」とも呼ばれる。元服（成人）するまでの名前であり、呼び名である。著名なところでは前記した上杉謙信の虎千代、北条氏康の伊豆千代丸、徳川家康の竹千代、伊達政宗の梵天丸などが挙げられる。ここでは、下野で史料の残りのよい宇都宮氏と小山氏をとりあげる。

宇都宮氏の場合、史料上戦国時代前期の等綱が藤鶴丸（足利義政御内書案「昔御内書符案」）、戦国時代中期の忠綱が藤寿丸（藤寿丸宇都宮忠綱カ年行事職安堵状「外山文書」）で、戦国時代中期から末期の広綱と子の国綱が伊勢寿丸（伊勢寿丸宇都宮広綱書状「佐八文書」、「小川岱状」）である。藤鶴丸の藤については宇都宮氏の本姓藤原氏からとったとか、生育力旺盛な植物の藤にちなんで健やかに育つことを願ってつけられたなどが考えられる。また、鶴は寿命の長いめでたい鳥なので長寿を願ってつけられた可能性が考えられる。因みに、藤寿丸の藤についても藤鶴丸の藤と同じことが考えられよう。伊勢寿丸については、当時流行していた伊勢信仰の影響で、伊勢神宮の救いでご利益に預かれる人になってほしいという願いを込めてつけられたことなどが考えられよう。

小山氏の場合は、戦国時代前期に足跡が確認できる持政が藤犬（足利持氏安堵状「松平基則氏所蔵文書」）で、小山氏の同族山川氏出自で持政の跡目を継承した成長が梅犬丸（藤原梅犬丸書状「東京大学白川文書」）で、持政の子氏郷（若死カ）の子で持政の孫にあたるのが虎犬丸（若死カ）（小山持政書状「鑁阿寺文書」）である。藤犬の藤については宇都宮等綱の幼名藤鶴丸と同じようなことを考えてつけられたことが推測される。また、虎犬丸の虎は勇ましく丈夫に育ってほしいという願いを込めてつけられたのであろうか。梅犬丸の梅はめでたく樹木年齢の長い梅にあやかり、長生きしてほしいという願いで名付けられたと思われる。それにしても、戦国時代前期の小山氏の場合犬の文字が幼名に入っている。この点は、南北朝時代末期から室町時代初期に存在が確認できる小山義政の子も若犬丸で幼名に犬の文字が入っている。犬は安産で子犬はよく育つことから丈夫に育ってほしいという願いを込めて犬の字が幼名に入れられた可能性が考えられる。

小山氏は戦国時代後期に存在が確認できる政種の幼名が伊勢千代丸（伊勢千代丸小山政種寄進状「佐八文書」）である。当時盛んであった伊勢信仰の影響が考えられる。

それにしても、現代人の名前の場合、芸能人やスポーツ界の著名な選手やアニメのヒーローに因んだ名前、更には音の響きの良さでつけられた読みのむずかしいキラキラネームなどがある。戦国時代の幼名とは格段の違いを感じる。これも時代の流れの中での名前の変化であろうか。

二　仮名

幼名を名乗っていた男子も、十五歳前後になると元服し、成人の名前である仮名（けみょう）と実名（じつみょう）を与えられる。実名については次項で取り上げることとし、ここでは仮名を採り上げる。

仮名は通称で日常生活において自らも称し他人からも呼ばれる名前である。著名なところでは武田晴信（はるのぶ）（信玄）の太郎、織田信長の三郎、明智光秀（惟任（これとう）光秀）の十兵衛、豊臣秀吉（羽柴秀吉）の藤吉郎などがそれである。

ここでは、戦国時代下野の四大勢力である佐野・小山・宇都宮・那須氏をとりあげる。佐野・小山・宇都宮氏の嫡流の者の場合、それぞれの家で代々世襲されてきた仮名を名乗ることが多い。系図や文書等を見ると、佐野氏の場合は小太郎（盛綱・秀綱・泰綱・豊綱・昌綱）、小山氏の場合は小四郎（持政・氏郷・成長・秀綱）、宇都宮氏の場合は弥三郎ないし三郎（正綱・忠綱・俊綱〈尚綱の前名〉・広綱・国綱）である。ただし、嫡流の出自でない場合や訳ありの事情でそれぞれの家の当主（家督の地位）になった場合、世襲仮名を名乗っていないケースが見られる。例えば、小山氏の場合、下総結城政朝の二男で小山政長の養子となった高朝の事例が指摘できる。小山氏の家中は、十六世紀前半の東国を巻き込んだ古河公方家足利高基・晴氏父子間の抗争に巻き込まれる。政長の子で小山氏当主の小四郎某が高基方に、高朝が晴氏方に与し抗争する。この抗争は晴氏が優位のうちに高基・晴氏父子間で和睦が成立し、晴氏が正式に古河公方家の家督を継承したこともあり、小山家内では小四郎某が没落し、代わって高朝が小山氏の当主（家督）につく。そのような関係もあり、高朝の場合は小山氏の世襲仮名小四郎ではなく六郎である。

また、宇都宮氏の場合、等綱の子明綱の事例が指摘できる。等綱と明綱は東国三十年戦争と呼ばれる享徳の乱に巻き込まれる。東国の武士層は、古利根川を挟み、下総古河城（茨城県古河市）を中心とした東関東の古河公方足利氏の勢力圏と、西関東の北武蔵五十子の陣（埼玉県本庄市）を中心とした室町幕府の支援を受けた関東管領上杉氏の勢力圏に分かれ争った。宇都宮家内では、父等綱が幕府・関東管領方に与し、子の明綱は古河公方方に属し争った。そのような関係で、明綱は等綱の「長子」（足利成氏書状写「武家事紀」四三）でありながら、宇都宮氏嫡流の世襲仮名である弥三郎ないし三郎を名乗ることなく「四郎」（足利成氏書状「那須文書」）を称した。背景として、父等綱との抗争があったことなどが考えられよう。それから、広綱について。先に広綱の仮名は弥三郎と記した。この点は、広綱が天正三年（一五七五）に推定できる三月十九日付けで古河公方足利義氏から「宇都宮弥三郎殿」の宛所で書状（足利義氏書状写「喜連川文書御書案留書」上）を送られていたことによる。ところが、永禄十一年（一五六八）に推定できる十一月晦日付け沙弥道楽（下野皆川城〈栃木市〉の城主皆川俊宗の法名）書状（「細川家文書」）で、道楽は広綱を「宇都宮弥四郎所へ八」と記している。この点は、道楽が広綱の仮名を誤記したとか、「宇都宮弥四郎」が広綱ではなく別人であるとか、広綱が仮名を弥四郎から弥三郎に変えたとかなどが考えられるが、後考を俟ちたい。

最後に、那須氏の仮名について見てみる。那須氏の場合、系図や文書によると、本惣家の黒羽城（大田原市）の上那須氏の仮名は太郎である（明資・資永）。なお、上那須氏は資永のときに古河公方家永正の乱の過程で永正十三年（一五一六）に内紛により滅亡したと伝えられる（『続群書類従』六下「結城系図」資永の項）。有力庶子家で福原城（大田原市）にいた持資（仮名五郎）は、享徳の乱の過程で福原城から烏山城（那須烏山市）に拠点を移す（下那須氏）。持資の孫資房は永正の乱の過程で上那須氏の滅亡をうけ、上那須・下那須両氏の統一を果たす。そのためであろうか。統一を達成した資房の子政資以降は、高資と資晴が那須氏嫡流の世襲仮名である太郎を名乗る。なお、高資横死後那須氏の当主の地位に就いた高資異母弟の資胤（資晴の父）の仮名は次郎で、初め那須氏一族の森田氏を継承していた。資胤は高資横死後本家に戻り高資の跡目を継承したためであろうか。古河公方足利義氏から跡目継承後弘治二年（一五五六）正月十三日付けで書状（足利義氏書状「那須文書」）を送られた際には、「那須弥太郎殿」の宛所で与えられている。資胤は跡目継承後仮名を次郎から弥太郎に変えたのであろうか。この点も後考を俟ちたい。

以上、戦国時代下野の四大勢力である佐野・小山・宇都宮・那須氏の仮名について見てきた。それぞれ嫡流の者の場合、各々の家で代々世襲されてきた世襲仮名を名乗る者が多かったことがわかった。

三　実名

元服と同時に仮名とともに与えられる実名は個人の正式な名で、諱とも呼ばれ、「忌み名」に通じ、当時他人がむやみやたらと口に出して呼ぶことを憚られていた。例えば、元服後の小山小四郎持政、普段家族や他人からは実名の「持政」「持政殿」「持政様」ではなく「小四郎」「小四郎殿」「小四郎様」と呼ばれていたと思われる。

実名は基本的に漢字二文字で書かれ、読み方も「△△△△」と仮名四文字で読まれるのが一般的である。その一族が代々使う漢字一文字（通字という）を入れることが多い。例えば、佐野・

宇都宮氏の歴代当主や一族が「綱」の一文字を、那須氏（上那須氏と下那須氏、両氏統一後の那須氏）当主や一族が「資」の一文字を実名に入れていたことより指摘できる。この点は、彼らが実名に「綱」や「資」の一文字を入れ、一族として連帯感を保ち、一族としての証としていたことを物語っていよう。

東国の鎌倉公方やその後身古河公方を中心とした政治的な秩序の中で生きていた下野の武将たちの中には、鎌倉公方や古河公方の一字を拝領していた者もいた。これを偏諱（「へんき」ないし「かたいみな」と読む）という。例えば、鎌倉公方足利持氏から小山持政・宇都宮持綱・那須持資が「持」の一文字を、鎌倉公方（古河公方）足利成氏（しげうじ）から小山成長・宇都宮成綱が「成」の一文字を、古河公方足利政氏から小山政長が「政」の一文字を、古河公方足利高基（前名高氏）から小山高朝・那須高資が「高」の一文字を拝領している。

その他、下野の武将の実名で興味深い点は、自分を取り巻く政治状況の変化の中で実名を変えた武将もいたことが指摘できることである。例えば、宇都宮俊綱の場合を見てみる。宇都宮俊綱は初め宇都宮大明神（現宇都宮二荒山神社の前身）の神宮寺である慈心院（じしんいん）の院主の地位にあったが、天文二年（一五三三）頃に重臣の芳賀高経（たかつね）・芳賀高孝に擁立され還俗し俊綱の実名で宇都宮氏前当主興綱の跡目を継承し、宇都宮氏の当主になる。俊綱は、天文十五年（一五四六）以降尚綱と改名する。改名の理由としては、推測の域を出ないが、古河公方足利晴氏から宇都宮氏歴代の受領（ずりょう）名「下野守」を拝領し、俊綱が古河公方から宇都宮氏の権力機構内で第一人者たる地位を承認されたことを契機としての改名と思われる。

今度は宇都宮俊綱より時期的に少しくだった時期に動向が確認できる小山秀綱の場合を見てみる。秀綱の初名は氏朝である。氏朝の場合、「氏」は古河公方足利晴氏の「氏」の一文字の可能性と、父高朝の「朝」の一文字を合わせた実名と思われ、古河公方と父の影響下で名付けられた実名と言える。その後、氏朝は、文書上永禄三年（一五六〇）正月段階になると氏秀と改名する（小山氏秀判物「佐八文書」）。改名の理由としては、父高朝から子の氏朝への家督の継承、代替わりが考えられる。ところが、永禄三年八月下旬に越後の上杉謙信が関東に本格的に進出してくると関東の政治情勢が激変する。謙信は、それまで甥の足利義氏を古河公方に擁立し関東管領として関東の支配権を掌握していた相模の北条氏康に対抗して、自らも関東管領となり、義氏の異母兄足利藤氏を古河公方に擁立し、北条氏康と関東の支配権をめぐって争うようになる。こうした関東情勢の変化の中で、氏秀は父高朝とともに謙信の関東への出陣を好機ととらえ、越後上杉氏方に属す。また、氏秀は上杉氏方に去就を変えたのを契機としてと思われるが秀綱と改名し、古河公方家天文事件で小山氏の所領の一部が古河公方家に収公され、古河公方の御料所（直轄領）となっていた現在の小山市南西部、野木町、栃木市東部の旧領を父高朝とともに回復していく（古河公方家御料所書立案「喜連川文書御料所目録案」）。なお、史料上「秀綱」の実名が確認できるのは永禄四年霜月六日付け小山秀綱官途状写（「新編会津風土記」六）である。

四　官途名・受領名

元々官途名（京官名、律令制の官職名）・受領名（国司名）は、鎌倉幕府の将軍や室町幕府の将軍の推挙により天皇が口宣案（辞令のこと）をもって出していた。ところが、戦国時代になると、下剋上的な風潮が高まったこともあり、各地の戦国大名たちは京都の朝廷に行ったり、朝廷と直接交渉したりして官途名や受領名を拝領するようになる。その一方で、朝廷から任命を受けないまま官途名や受領名を私称していた者もいた。戦国大名や国衆たちは、官途名や受領名を与えられたり、自分で名乗るようになったりすると、仮名に代わって「左衛門督殿」とか「伊賀守殿」などと呼ばれていたと推測される。ただし、左衛門督や伊賀守を名乗っていたからといって、その武将が左衛門府や伊賀国と関係があったわけではない。

なお、戦国時代になると、官途・受領名の付与は、朝廷以外でも付与するようになる。関東や南奥羽を支配していた古河公方は、この地域の有力な大名や国衆に官途・受領名を与えている。さらには、各地の大名や国衆は、自分の配下の家臣たちに官途・受領名を与えるようになる。そのほか、村落でも官途成りの儀式を通じて村が村人に官途・受領名を与えている。このように、戦国時代になると朝廷・天皇に限らず様々なレベルで官途・受領名が与えられるようになる。

　ここでは、系図や文書等に見える下野の四大勢力佐野・小山・宇都宮・那須氏の官途名・受領名について述べていく。まず佐野氏。享徳の乱期に動向が確認できる盛綱は二つの受領名を名乗っていた。初めは伯耆守（佐野盛綱書状「鑁阿寺文書」）。その後寛正四年（一四六三）頃になると「越前守」を名乗るようになる（佐野盛綱書状写「正木文書」）。佐野氏関係諸系図によれば、盛綱以前に越前守を名乗った佐野氏当主としては鎌倉時代の成綱や南北朝期の師綱がいる。伯耆守については見当たらない。また位階的に伯耆守が従五位下で、越前守は従五位上である。受領名変更の理由としては、盛綱が受領名を先祖が名乗っていた受領名に変え、位階を上昇させることで、佐野氏内における自己の権力を確立させ、佐野氏家中と佐野領の支配を有利に進めようとしたことなどが考えられよう。

　盛綱以降では盛綱の家督を継承した秀綱が越前守、秀綱の子泰綱が修理亮、その子豊綱が隼人佑、豊綱の子昌綱が不詳、昌綱の子宗綱が修理亮である。

　次に小山氏。持政、持政の子で早世した氏政、持政の養嗣子成長が下野守で、その子政長が右京大夫次いで修理大夫で、政長の養嗣子高朝が下野守を名乗っている。高朝の子秀綱（前名氏朝・氏秀）が弾正大弼を名乗る。小山氏の場合、鎌倉前期の朝政や鎌倉末期の貞朝及び南北朝内乱期の義政などが由緒ある受領名下野守を名乗った当主であった。

　なお、政長が官途名を右京大夫から修理大夫に変えた要因としては、古河公方家永正の乱が考えられる。この乱の過程で政長は足利政氏方から子の足利高基方に去就を変え、足利高基方が勝利したことで、高基から功績により位階が正五位上の右京大夫から従四位下の修理大夫に名乗ることを許されたことが推測される。

次に宇都宮氏。等綱は初め右馬頭を名乗り文安五年（一四四八）頃から下野守を名乗る（宇都宮等綱寄進状写「中里文書」）。等綱の子明綱（早世）の跡目を継承し宇都宮氏当主となった弟正綱は右馬頭、正綱の子成綱は下野守、成綱の子忠綱は左馬権頭、忠綱の後に当主となった興綱は左衛門督をそれぞれ名乗った。次に当主になった尚綱（前名俊綱）は俊綱の時期が左衛門尉で、天文十五年（一五四六）以降尚綱の時期に下野守を名乗った（宇都宮尚綱書状「佐八文書」）。次いで当主になった広綱は文書上官途・受領名は確認できないが、系図や古記録によると「下野守」を名乗ったとするものが多い。広綱の子国綱は父広綱同様文書上戦国時代の官途・受領名を確認しえないが、系図や古記録によると「下野守」を名乗ったとするものが多い。豊臣政権期になると、国綱は豊臣秀吉の朝廷への執奏で朝廷から文禄三年（一五九四）七月に木工頭に、翌文禄四年三月には侍従のそれぞれ官途に叙任される（後陽成天皇口宣案「久我家文書」）。

次に那須氏。那須氏については上那須・下那須氏の当主と、下那須資房による上那須・下那須両氏の統一を果して以降の那須氏当主に分けて見ていく。上那須氏当主明資が肥前守、次いで当主になった明資の弟資親が大膳大夫・播磨守、南奥白川氏から入嗣し資親の家督を継ぎ最後の上那須氏当主となった資永の官途・受領名は不明である。下那須氏当主持資が越後守、持資の家督を継いで当主となった一族の資実が初め左衛門大輔（ないし左衛門督）次いで伊予守で、資実の家督を継いで当主になった資房が越後守である。資房は前記したように古河公方家永正の乱の過程で上那須・下那須両氏の統一を達成する。

統一後、資房の跡目を継承し那須氏当主になったのが政資である。政資は初め父資房同様越後守を名乗り次に修理大夫を名乗る。戦国武将の場合、一般的に初め官途名を名乗り、後に受領名を名乗ることが多いと指摘されており（佐脇栄智「戦国武将の官途受領名と実名」『戦国史研究』九号）、奇異に感じられる。政資が官途名修理大夫を名乗るのは永正期後半以降で（足利高基書状「那須文書」）、先程述べた小山政長の場合と同じことが考えられよう。すなわち、政資が古河公方家永正の乱の過程で勝利した足利高基方に与したことによる足利高基からの恩賞で、政資が高基から従五位下の越後守から従四位下の修理大夫に名乗ることを許されたことが推測されよう。

政資の跡目を継承し那須氏当主になった高資は那須氏関係諸系図の記載では修理大夫が多い。高資横死後那須氏の当主になった異母弟資胤は、古河公方足利義氏に申請し兄高資同様修理大夫を名乗ることを許され（足利義氏書状「那須文書」）、那須氏当主としての地位の正当性を古河公方の権威を活用し裏付けてもらっている。資胤の子資晴は近世初期慶長期の文書によると修理大夫や権太夫を名乗っていたことが確認できる（修理大夫が那須資晴寄進状写「法輪寺

古文書」、権太夫が本多正信書状写「那須文書」)。

最後に官途・受領名で興味深い点を述べる。この当時官途・受領名の中には中国風の唐名(「からな」とも読む)で呼ばれることもあったことである。例えば、官途名については宇都宮一族の常陸笠間氏の重臣寺崎中務少輔(「なかつかさのしょう」とも読む)が寺崎中書と呼ばれ(芳賀孝高書状写「秋田藩家蔵文書」四九)、同氏一族の塩谷民部少輔(「みんぶのしょう」とも読む)が塩谷戸部と呼ばれていたことより指摘できる(宇都宮二荒山神社所蔵「造営日記」)。また、受領名については宇都宮一族の上三川安芸守が上三川芸州と、同じく一族塩谷伯耆守が塩谷伯州と呼ばれていたことより指摘できる(宇都宮二荒山神社所蔵「造営日記」)。

五　法名

法名は仏門に入った者の名前である。上杉謙信の謙信や武田信玄の信玄などが著名な法名で、漢字二文字を音読みするのが一般的である。彼等は仏門に入りながらも俗界で日常生活を続け法名を名乗った。

ここでは文書上確認できる戦国時代の小山・宇都宮・那須氏の当主の法名をとりあげる。まず小山氏。成長が孝尹。高朝が初め考慮を要する法名であるが運久、後に明察。秀綱(氏朝・氏秀)が初め良舜、次いで孝山、次いで孝哲、最後に孝山に復帰。以上三名の法名は存命中のものである。成長の法名は小山氏当主の地位を子の政長に譲った後に名乗ったものと思われる。高朝の場合、便宜最初に法名運久を名乗ったと記したが、運久と署名した文書は永禄七年に比定（ひてい）できる二月三日付けの覚書写（おぼえがき）（運久小山高朝覚書写「下総崎房秋葉孫兵衛旧蔵模写文書集所収乗国寺文書」）のみで、永禄八年五月十八日の日付記載のある小山高朝書状（「円満寺文書」）では高朝と署名している。ここからは、運久が高朝の出家に伴う法名なのか、「運久斎」という斎号の略なのか考慮を要する。

また、高朝は文書上永禄十二年（一五六九）十一月から元亀二年（一五七一）二月までの間に明察を称したことがうかがえ、明察は高朝の晩年の法名と言える。

秀綱は、永禄九年（一五六六）二月二十日付けで上杉謙信に宛てた書状（良舜小山秀綱書状「上杉家文書」）で良舜と法名で署名している。その後、秀綱は永禄十年二月八日付けで発給した書状（孝山小山秀綱書状「若松文書」）で法名を改め孝山と署名している。更に、永禄十二年（一五六九）三月十九日付けで発給した書状（孝哲小山秀綱書状写「岩上文書」）では法名を改名し孝哲と署名している。この後孝哲と署名した法名は天正二年（一五七四）十二月六日付けで出した書状（孝哲小山秀綱書状写「岩上文書」）まで確認できる。ところが、この年極月十八日付けで彼が出した書状（孝山小山秀綱書状写「岩上文書」）では再び孝山の法名に戻し孝山と署名している。秀綱が法名を次々に変えた具体的な理由は不明である。秀綱を取り巻く状況を考えると、永禄期は関東の覇権をめぐって争っていた越後上杉謙信と相模北条氏康・氏政父子との狭間で、秀綱は去就を変転させていた時期である。永禄十二年六月の越相同盟成立以降は常陸佐竹氏や宇都宮氏と結びつつも相模北条氏の外圧に苦しんだ時期である。私としては、秀綱が法名を変えた背景には小山氏の運気向上を願う秀綱の思いが見え隠れする。すなわち、秀綱は仏門に入り仏の力に頼り家名と所領の存続をめざすために、次々と法名を改めた可能性が考えられる。後考を俟ちたい。

次に、宇都宮氏。等綱の道景、正綱の長潤、広綱の以天が確認できる。ただし、存命中法名を名乗っていたのは等綱の道景のみである。

等綱は享徳の乱では室町幕府・関東管領上杉氏方であった。先学島村圭一氏によれば、敵対勢力の古河公方足利成氏方の那須持資に攻められ、古河公方に許しを願うために康正元年（一四五五）十二月から翌年四月までの間に出家し法名道景を名乗ったという（島村「宇都宮等綱に関する一考察」、江田郁夫編著『下野宇都宮氏』所収、戎光祥出版）。なお、等綱が出家した背景には当時の降参の作法があり、降参する際には髪を切り僧衣を着すという作法があったことが指摘できる。

次に、那須氏。資房の玄藤、政資の雄山、高資の天性、資胤の蘆錐が文書上確認できる。存命中法名を名乗っていたのは資房（玄藤）と資胤（蘆錐）である。資房が法名玄藤を名乗った時期は晩年で、横死した孫高資（法名天性）の菩提を供養するために天文二十年（一五五一）八月一日付けで天性寺（那須烏山市）に宛てた寄進状（玄藤那須資房寄進状「天性寺文書」）で玄藤と署名している。また、資胤は、子の資晴に天正九年（一五八一）に那須氏の当主の地位を譲っており、子の資晴への家督継承時ないし少し前に出家し法名蘆錐を名乗る。

以上が戦国武将の法名である。この他戦国時代には鹿沼城（鹿沼市今宮町・西鹿沼町）の城主徳雪斎周長のように斎号を名乗っていた者や、那須氏の一族是竹軒宗存（冨久原資孝）のように軒号を名乗っていた者もいた。

おわりに

以上、本章では戦国時代の下野史料を中心に戦国武将の名前を考察してきた。結果として、以下のことを述べた。戦国武将の家の男の子は、生まれると幼名をつけられ、元服すると仮名と実名をつけられた。その後社会的な身分が上昇すると官途名や受領名を名乗るようになった。さらに、仏門に入ると法名を名乗るようになった。こうした戦国武将の名前の変化は、中世史や戦国史を専攻する研究者ならば誰もが知る事項であろう。その意味では、彼らの屋上屋を重ねた感じは否めない。しかし、下野の戦国武将についても史料上確認できた点は意義のあることと思っている。

ともかく、戦国武将は一人でいくつも名前を持っていた。彼らは年齢や社会的な身分が変わり、信仰心の篤さから仏門に入ると法名を名乗っていた。現代では芸能人の芸名や画家・

工芸家・書家などの雅号や作家のペン・ネームや俳人の俳号などはあるが、限られた人のみの呼称で一般人には無縁である。一般人の場合せいぜいあっても「ひろちゃん」とか「よっちゃん」とかの愛称ぐらいである。戦国武将は何と名前が多いことかと改めて思った次第である。

今後の研究課題としては、戦国時代の史料で確認できる武家や土豪の家の女性名について考えてみたい（本書第六章参照）。

第六章　戦国時代の女性の名前
―大庵寺「念仏日記」を通して―

はじめに

筆者は本書第五章で戦国時代の武将名を考察し、年齢や社会的な身分が変わり、信仰心の篤さから仏門に入ると名前が変わったことを述べた。

これに対し、同時代を生きていた女性、取り分け下野を中心とした史料で確認できる武家や土豪（郷村や町場の有力者で、侍身分ながら農業のほか多角的な経営を生業としていた者）の家の女性の名前の場合、男性である武将名と同じことが指摘できるのであろうか。それとも異なったことが指摘できるのであろうか。

史料としては、佐野市犬伏下町の浄土宗寺院大庵寺が所蔵する「念仏日記」（形状折本）二冊に記載されている女性名を考察する。大庵寺は、江戸時代前期寛文十一年（一六七一）に同寺の第七世広誉無涯によって著された同寺所蔵「大庵寺縁起」によれば、佐野昌綱が、戦国時代後期永禄年中（一五五八～七〇）に、重臣津部古（津布久）駿河守昌成の早逝を悼み、併せ

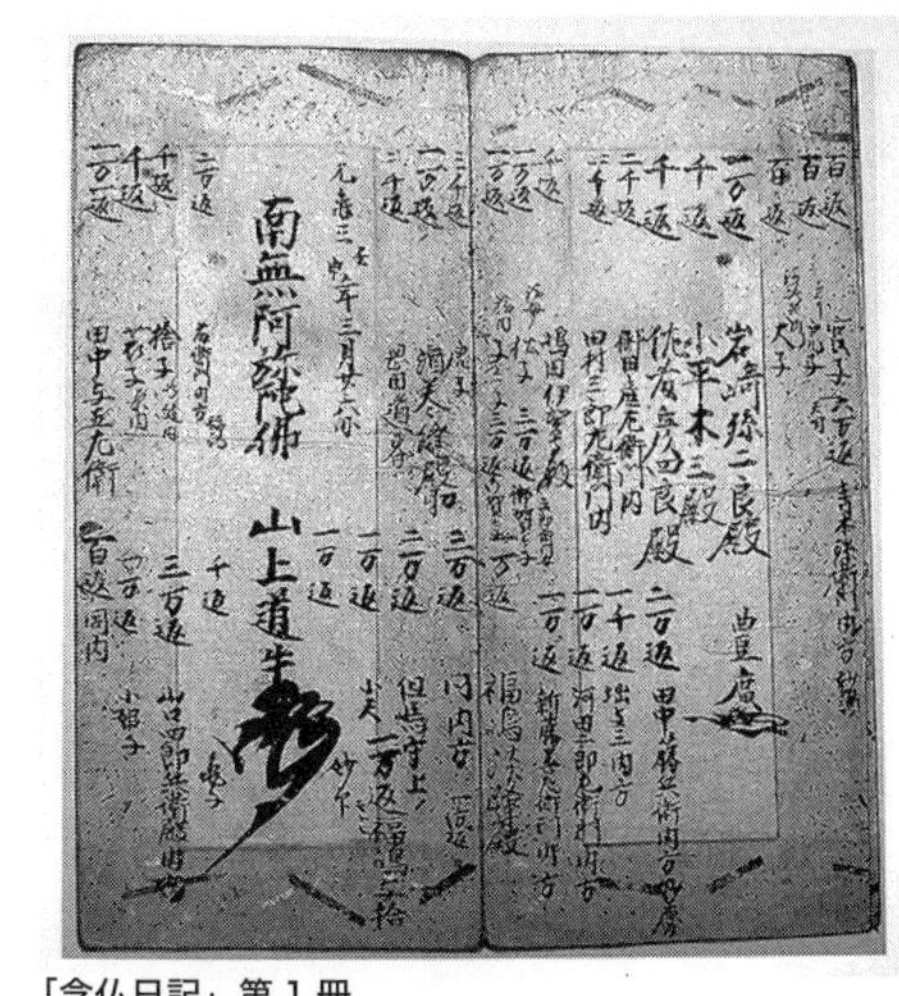

「念仏日記」第１冊

て佐野家の先祖の菩提を弔うために、小山庄土塔（小山市土塔一帯）の無量寿寺の第八世住持岌翁を招き建立（実際は中興開山）した寺院であるという。

大庵寺には、既述したように、欣求浄土（西方浄土に往生することを願い望むこと）の志から念仏（「南無阿弥陀仏」）を唱えた回数である念仏遍数及び唱えた人名が記された「念仏日記」が二冊所蔵されている。先学の月井剛氏は、『栃木県史』史料編・中世一所収「大庵寺文書」に翻刻収録されている「念仏日記」をもとに原本調査を行い、改めて全文翻刻し人名の分析を試みた論考を発表している（月井「〔史料紹介〕大庵寺『念仏日記』」『栃木県立文書館研究紀要』一八号、同「戦国時代の女性名」『（栃木県立）文書館だより』五六号、同「大庵寺『念仏日記』の基礎的考察―人名の分析を中心に―」『栃木県立文書館研究紀要』二〇号）。

月井氏によれば、第一冊は、元亀三年（一五七二）三月から天正初年頃に作成されたもので、念仏を唱えた者としては佐野氏当主昌綱を始め同氏の一族・重臣及び土豪クラスの家臣、さらには同氏の同心衆（外様の同盟者たち）、及び彼らの縁者の名前が記されているという。また、第二冊は、永禄十三年（一五七〇）一月から二月頃に作成されたもので、念仏を唱えた者としては佐野氏の一族・土豪クラスの家臣及び同心衆も見られるが、大半は小山庄土塔の無量寿寺の住持であった頃の岌翁（ぎゅうおう）を中心とした念仏結社である「土塔大蓮社（だいれんしゃ）」に集まった古河公方（こがくぼう）や下総結城氏や下野茂呂（もろ）氏などの一族・家臣及び彼らの縁者の名前が記載されているという。

因（ちな）みに、この「念仏日記」に記されている女性名は、史料が作成された経緯から考えると、女性自身が記した自称ではなく他人からの呼称である他称が記されている。さらには、念仏を唱え西方浄土に往生したいと望む所作が肉体的にも精神的にも成長した大人を中心とした宗教行為であることを考え併せると、「念仏日記」に記載されている女性名の大半は成人女性の名前と推測される。これらの点を念頭に入れ、武家の家や土豪の家の女性名について分類し考察してみたい。

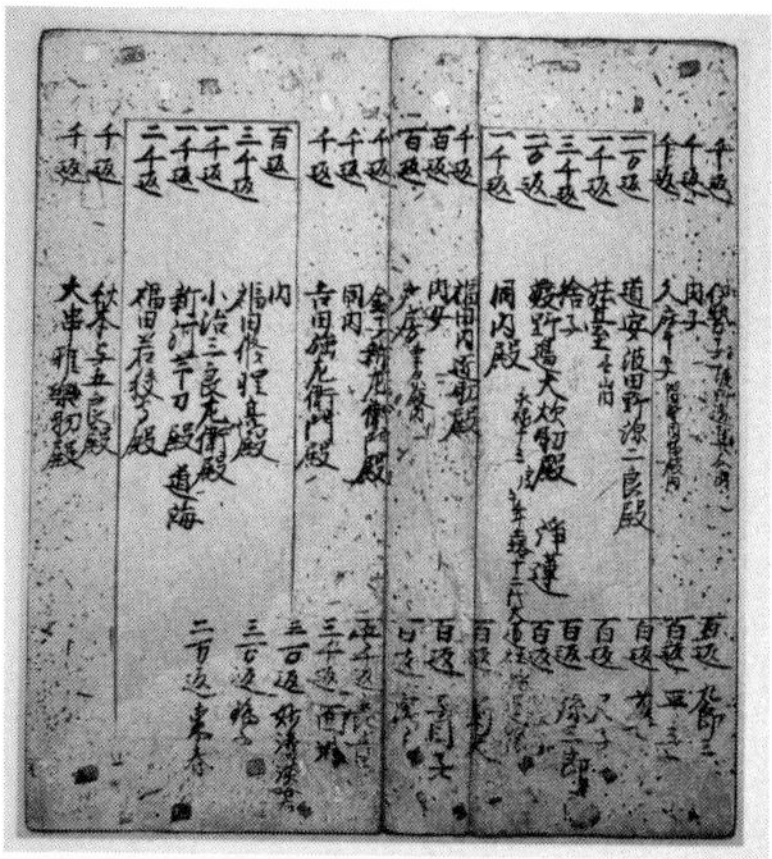

「念仏日記」第２冊

なお、月井氏はこの「念仏日記」を使い、戦国時代の女性名を考察している（前掲月井「戦国時代の女性名」）。以下、「念仏日記」に記されている女性名について、月井氏の成果を参考にしつつ、筆者なりの考え方で分類を試み考察していく。

一　女性名の分類

A．～子型

この型の女性名は、動物名＋子型、植物名＋子型、その他＋子型に分類できる。主なものを紹介する。

まず、動物名＋子型。勤勉でよく働くようにという願いを込めた「牛子」、勇ましく丈夫に育ってほしいという願いを込めた「虎子」、安産でよく育つようにという願いを込めた「犬子」、長生きしてほしいという願いを込めた「亀子」や「鶴子」、賢く育ってほしいという願いを込めた「猿子」、知性豊かに力強く育ってほしいという願いを込めた「龍子」などの名前が記されている。

次に、植物名＋子型。めでたい植物の「梅子」や「松子」や「梅松子」、高貴に美しく育ってほしいという願いを込めた「藤子」などの名前が見える。

次に、その他＋子型。伊勢神宮の御利益があるようにと願いを込めた「伊勢子」や「宮子」、軍神の愛染明王（あいぜんみょうおう）または愛宕権現（あたごごんげん）の加護を願ってであろうか「愛子」、僧衣との関係から仏の加護があるようにと願いを込めた「袈裟（けさ）子」など神仏との関係で名付けられた名前。長寿を願う「千代子」、心のやさしい女性になってほしいという願いを込めた「子々（ねね）子」などの名前が記されている。

なお、〜子型の記載にはただ単に「〜子」という表記と「〜子＋注記」の表記がある。後者については、「梅子田中内」「御賀々子三郎衛門母」「千代子伊勢清左衛門内」「龍子藤越内」「久摩子池田野因幡殿内」などがある。「念仏日記」に見える男性名表記にはほとんど注記がなく、あっても「伊勢平井与一良殿」とか「小河備前内与左衛門尉殿」とか「天明江戸一尉殿」など伊勢氏の一族の者ないし小河備前の内の者（家臣）、佐野天明宿に住む者くらいの注記である。この点からは、戦国時代の武家や土豪の家では基本的に男性がその家を代表する家長で、女性はあくまでその家の構成員の一員として見られていたことが指摘できよう。

B．男性名＋母・上・内方・妻女・内女・女型

まず、男性名＋母型。根岸氏の母という意味での記載「根岸母」、他に茂呂神衛門・佐野十良殿・久保田佐渡守の母という意味で「茂呂神衛門母」、「佐野十良殿御母」、「久保田佐渡守老母」の記載が見える。

次に、男性名＋上型。上は上様やお方に通じ、『邦訳日葡辞書』（岩波書店）には「まだ家のとりさばきを任されていない若い嫁。」とある。この型には「但馬守上」の記載が見える。

次に、男性名＋内方型。内方は前記『邦訳日葡辞書』には「普通の人の妻。既婚の婦人。」とある。この型の記載は多く、「堀与三内方」、「河田二郎左衛門内方」、「新藤善左衛門内方」、「同（福嶋淡路守殿）内方」、「藤衛門内方福嶋」、「山口四郎兵衛殿内方」、「山口内方」、「同（北河十良兵衛殿）内方」の記載が見える。なお、後述するC型、法名型の「青木孫衛門内方妙讃」

や「田中藤兵衛内方妙慶」の名前にも男性名＋内方の文字が入っている。

次に、男性名＋妻女型。妻女は前記『邦訳日葡辞書』には「結婚した女。」とある。この型には「佐渡守妻女」と「伊勢丸　赤見御妻女」の記載が見える。後者は佐野氏家臣の赤見氏から嫁いできた妻女伊勢丸の意味で記載していたと思われる。

次に、男性名＋内女型。内は前記『邦訳日葡辞書』には「…の内部、または、…する間」とある。「…の内部」からは、内女はその家に仕えている侍女の意味で使用されていたと思われる。この型の記載も多く、「同（北河十良兵衛殿）内女」、「同（藤倉）左近内女」、「飯塚二良衛門殿内女」、「片柳雅（マヽ）尉殿内女」、「同（高瀬入道）内女」、「江田与五左衛門殿内女」、「須長四良右衛門殿内女」が見える。この型には「虎子内若内女」の記載もあり、この女性は虎子という女性に仕えていた若い侍女と思われる。

次に、男性名＋女型。この型には「同（福田内匠助）女」の記載があり、福田内匠助の子女の意味で記されていたと思われる。

以上、男性名＋母・上・内方・妻女・内女・女型からは、戦国時代の女性が男性家長を中心とした家の構成員の一人として見られていたことを物語っていよう。

C. 法名型

法名は仏門に入った者の名前である。彼女たちは仏門に入ったからといって専業の尼僧になったわけではなく、在俗のまま仏門に入った女性が多いと思われる。

先学坂田聡氏によれば、仏門に入った契機としては、ある程度の年齢になって、夫婦で隠居したケースと、夫の死去によって後家になったケースがあげられ、後者の場合、夫や先祖の菩提を弔うだけでなく、夫の死後再婚せずに、子どもが成人に達するまで後家として家を守る後家尼が多かったという（坂田『苗字と名前の歴史』、吉川弘文館）。

法名の中で多いのが妙の文字の入った法名である。具体的には、「妙秀カミサマ」、「青木孫衛門内方妙讃」、「田中藤兵衛内方妙慶」、「妙印モトヒ」、「妙愛当戈」、「妙清淡咯六」、「妙天亀鶴」、「妙善」、「妙正」、「妙忠亀子」、「妙鎮」、「妙照禅尼」である。妙は前記『邦訳日葡辞書』には「奇特な」とある。きわめてすぐれている意味で使用されていたのであろうか。

その他、法名の中には仏門に入った尼僧を意味する比丘尼（びくに）で記載されている「同（松崎周幡[因]守殿）内女比丘尼」や、在家の尼僧を意味する禅尼（ぜんに）で記載されている「妙照禅尼」など他称記載も見られる。

D. その他型

この型の女性名には、職能型、居住地型、社会的地位型などがある。まず、職能型。この型としては乳母を務めた女性名が見られる。具体的には、「御乳」、「御乳越中」、「御知〔乳〕耶々」、「御乳藤ノ」の記載である。

次に、居住地型。この型としては、佐野氏の本拠唐沢山城の一郭と推測される中館に住む館の主の娘「同（佐野）御中館御息女」や中館の侍女「御万御中館之」の記載が見える。

次に、社会的な地位型。具体的には「民部卿」で、この時期の侍女の社会的な地位を指す呼称の一つである。

この他に、植物名の「紅梅」や、動物名で前述した「牛次良根岸妻女」や、長寿の願いを込めた「千代厩橋」や前述した「御万御中館之」の記載が見える。

以上である。

二　女性名の変化

ここでは、年齢毎の女性名の変化について考えてみる。「念仏日記」の中には女性の幼名（童名）と思われるものが散見される。例えば、「妙天亀鶴」である。この記載は、法名妙天の幼名が亀鶴だということで、亀鶴の文字が妙天の右下に注記されている。ここからは、武家ないし土豪の家の亀鶴なる女性が、幼名のまま成長し、それ相当の年齢に達し、仏門に入り法名妙天を名乗ったことが考えられる。

問題は、亀鶴以外の「念仏日記」に記載されている女性名である。「はじめに」の所でも記述したように、念仏を唱え西方浄土に往生したいと望む所作は、肉体的にも精神的にも成長した大人を中心とした宗教行為である。ここからは、「念仏日記」に記載されている女性名の大半は成人女性の名前と推測される。

ところで、成人女性は子ども時代の幼名（童名）、成人になってからの成人名という順で改名したのであろうか。武家や土豪の家の男性の場合元服という成人になった証（あかし）の通過儀礼がある。筆者は、平安時代の女子の場合、成人したしるしとして初めて裳（も）をつける裳着（もぎ）の儀式があったことは『源氏物語』や『栄花物語』などで承知している。しかし、戦国時代の女性の場合、男性の元服の時のように裳着の儀式の際に改名したかまでは把握していない。推測の域を出ないが、筆者としては、女性名の変化については仏門に入った時に法名を名乗る位で、基本的に生涯子供の時に名付けられた名前、幼名（童名）を踏襲し、年齢があがるに伴って名前を変えることはなかったと考えている。

この点について、先学坂田聡氏は、室町・戦国時代の庶民の女性名を検討し、「宮座（みやざ）のメンバーになることのできない女性は、生涯、子ども時代の童名でとおさねばならず、その点で、年齢階梯（かいてい）にもとづくステップアップによって名前を変え、子どもから一人前の大人＝社会『人』へと成長を遂げる道が開かれている男性（正確には宮座成員の男性）とは明らかに区別される存在だった。」と述べている（前掲坂田『苗字と名前の歴史』）。坂田氏の見解は本章で扱った武家や土豪の家の女性についても当てはまるであろう。

坂田氏の見解に依拠すれば、第一節で指摘したA．〜子型や、D．その他型の内の植物名の「紅梅（こうめ）」、動物名の「牛次郎」、長寿の願いを込めた「千代」や「御万（おまん）」は幼名（童名）であったと言えよう。

おわりに

以上、本章では、佐野市犬伏下町の大庵寺が所蔵している「念仏日記」を通して武家や土豪の家の女性名について考察した。第二節でも既述したように、筆者としては、戦国時代の武家や土豪の家の女性は基本的に幼名（童名）のままで生涯を過ごしたと考えている。また、成人女性によっては、ある程度の年齢に達し、仏門に入り法名を名乗った者もいたというのが当時の実情であったと考えている。

さらに、彼女たちは、第三者からは第一節でも既述したように、女性名のB型、「男性名＋母・上・内方・妻女・内女・女」で呼ばれていたと言えよう。この第三者からの呼称は、彼女たちが家長である男性当主を中心とした家の構成員の一人として見られていたことを物語っていよう。

現代人は、男性であろうと女性であろうと一般的には上の苗字ないし下の名前で「〜さん」

「〜君」などの敬称で呼ばれる。その一方で、組織の役職にある者は苗字を役職（肩書）の上につける時とつけない時があるが、「社長」「部長」「課長」「係長」などと呼ばれる。ただし、後者の場合はあくまでも在任期間中の呼称である。こうした第三者からの他称は男性であろうと女性であろうと同じである。また、現代人は自己紹介する際には上の苗字ないし下の名前で「〜です」などと紹介する。ともかく、現代は男女の名前で戦国時代のように差別されることはない。背景には、家制度が確立し、家長（当主）である男性のみが家を代表すると考えられていた戦国時代と、個々人の存在を重視する現代との違いにあると思われる。

今後は、戦国時代に限らず男女の社会的な地位の差異による男女の役割分担の歴史について考えてみたい。

第二部　中世と現代

第七章　中世法から見た現代社会
―「宇都宮家弘安式条」と「結城氏新法度」から―

はじめに

宇都宮景綱像（『摹古絵巻』巻五九、宮内庁書陵部所蔵）

毎年史学会の会誌『史學雑誌』五月号は「回顧と展望」号で、前年度の日本の中世史に関する研究論文や著書・史料集などがたくさん紹介されている。編集方針や紙福の関係で掲載されなかった研究論文・著書・史料集などを加えると、毎年多くの研究者や愛好者により多数の成果が生み出され、中世史に新しい見解が提示されていると言えよう。

ところで、こうした研究者や愛好者の研究成果は現代社会にどれ位還元されているのであろうか。筆者も下野を中心とした中世東国史を研究してきたが、現代に生きる人々に成果を還元できたかと自問すると心もとない。筆者は、歴史学の使命を現代ひいては未来に生きる人々に活かせる術を提供することだと考えている。その意味では、現代や未来の人々が活用できる歴史学研究をしたいと思っている。

ここでは、中世社会と現代社会との比較という視点から、自分の研究フィールドの史料である鎌倉時代に制定された下野宇都宮氏の武家法「宇都宮家弘安式条」と、戦国時代に制定された下野に隣接した北下総結城氏の武家家法（分国法）「結城氏新法度」を素材として検討していく。

一　「宇都宮家弘安式条」

中世下野宇都宮氏の歴史的遺産の一つとして「宇都宮家弘安式条」（以下、「式条」と略す）が挙げられる。「式条」は、鎌倉時代中期弘安六年（一二八三）宇都宮氏当主景綱の代に制定された。景綱は、鎌倉幕府内では所領相論（争論）を取り扱う引付衆を務めたことがあった。また、「式条」制定時には幕府の執権・連署と共に重要政務・裁判を審議する評定衆の地位にあり、幕府の政務や裁判に通じていたと思われる。景綱はこうした幕政の中枢にいた経験を活かして、一族や被官（家臣）をリードし「式条」を制定したと考えられる。

「式条」は全体で七〇か条からなり、宇都宮氏の当主・一族・被官・所領内を対象として

宇都宮二荒山神社拝殿

制定された武家法である。「式条」の内容は、①宇都宮氏関係の宇都宮社（現宇都宮二荒山神社の前身）やその神宮寺など、及び神事・法会、神官層・僧徒層・宮仕層（前記二つの階層以外で宇都宮社に仕えていた階層）に関する規定（第一条～第二六条）、②宇都宮氏の主宰する裁判を含む同氏の領内支配に関する規定（第二七条～第七〇条）に大別できる。「式条」の内容で興味深い点は①の規定が「式条」の最初に記述されていることである。この点からは、宇都宮氏が最も重視していた事項が①であったことが指摘できる。主な条文を列記する。第一条と第二条では、宇都宮社とその神宮寺、及び尾羽寺（益子町上大羽にあった宇都宮氏の氏寺）・往生院（宇都宮氏とゆかりのある京都市西京区の三鈷寺の前身）・善峯（善峯寺、三鈷寺の南側に所在する宇都宮氏ゆかりの寺院）の修理が記されている。第七・八・十・十二・十三・十四・十五・十六条では、宇都宮社の神事や法会である春と冬の二季御祭・三月会・一切経会・五月会・六月臨時祭・九月会・三十講・夏中間講演（講演は法会のこと）などを行う際の遵守事項や留意事項が記述されている。

現代の日本は、憲法第二〇条第三項に「国及びその機関は、宗教教育その他いかなる宗教的活動もしてはならない。」と記され、政教分離を原則としている。国及び国の機関は特定の宗教に肩入れした宗教教育や宗教行事をしてはいけないのである。「式条」と憲法では宗教観に大きな相違が見られる。

　第二七条以降は、前記したように、宇都宮氏の主宰する裁判を含む宇都宮氏の領内支配に関する規定が記されている。主な条文を紹介する。第二八条は、名主の保有する所領の分散や縮小を防ぐために、所領が少ない場合は嫡子に譲与するとし、多い場合は嫡子と次男に譲与してもよいとし、後家分は一期の後（死後）嫡子に受け継がせると規定している。現代の民法の相続制度では、相続人の組み合わせが配偶者と子どもの場合、配偶者と子どもがそれぞれ二分の一相続すると規定されており、「式条」とは異なる。

　第三八条と第四三条には、訴人（原告）や論人（被告）の主張を裁断する場として「内談」の座があったことが記されている。先学の菊地卓氏や永村眞氏によれば、「内談」の座は宇都宮氏の惣領・一族と上層被官（重臣）によって構成され、宇都宮氏内では最高の合議機関であり、訴訟の裁許を含む重要政務がこの「内談」の座で図られ裁決されていたという（後掲菊地・永村氏参考文献参照）。現代の日本では、権力の濫用を防ぐために三権分立が採用されており、裁判権は裁判所にあり「式条」の世界とは異なる。

　第五四条では、宇都宮氏が一族や被官（家臣）に対し、彼らの領内において自力で必要に応じ道路や橋を造ることを勧めている。ただし、道路や橋の造成は、彼らの領内に住む人々の「所役」（夫役、労役）で行ない、一族や被官（家臣）は人々に過重負担を強いてはならないと規定している。現代の日本では、国や自治体が道路や橋を計画に基づいて委託業者に発注し造っており、「式条」の時期の造成方法とは異なる。

第五九条の事書には「領内市々迎買の事」と記され、宇都宮氏の領内には定期市（定期的に開かれる市）が開かれていたことがわかる。宇都宮氏は、第六一条によると、宇都宮社内で雑務を行ない神領に行き年貢・公事の徴収をしていた宮仕の下部が、渡世（生活）のために市商いをすることについて「面を汚す」として、彼らの商業活動を低く見ていた。現代人の商業観とは違いが感じられる。

このように、「式条」は社寺に関する規定や領内統治に関する規定が多く、一見して私たちには無関係であるように思われる。しかし、条文をよく見ていくと現代や未来に生きる人々にも通じる内容が記されている（史料1から史料3は原漢文、読み下し文にして提示）。

【史料1】「式条」第五〇条

一、犯科人の事

右、所犯の輩出来の時は、須らく検断所に召し渡すべきのところ、内々に私の沙汰致すの由、その聞こえあるか。自今以後検断に召し渡すべし。猶制止に背かば、早く事の浅深に随い、科の軽重あるべきか。

【史料2】「式条」第六九条

一、博奕する輩の事

右、御式目の推すところ、その罪過太だ軽からず。然りと雖も動もすればその族出来か。須らく向後傍輩を懲らしむべきため、厳密の沙汰を致しむべし。

【史料3】「式条」第七〇条

一、人倫売買を停止すべき事

右、制法の趣更に私の儀にあらず。しかるに猶売買の聞こえあるか。之により、所々の沙汰多分に出来す。之を停止すべし。制法に背くの族は、須らく所領内を追放すべし。口入人同罪たるべきなり。

史料1は犯罪人についての規定である。犯罪者は宇都宮氏の「検断所（検挙し裁判をし処罰する役所）」に引き渡すようにと規定し、内々に私的に逮捕し宇都宮氏の法廷によらず処罰することを禁じている。日本国憲法第三一条でも「何人も、法律の定める手続によらなければ、その生命若しくは自由を奪はれ、又は刑罰を科せられない。」と規定され、罪刑法定主義のもと私刑を禁じている。

史料2は、「博奕」、財物をかけて勝負を争う博打打についての規定である。鎌倉幕府の制定した追加法にも「博奕する輩の事」のところに「右、禁制の旨に任せ、一向停止すべし」（原漢文、読み下し文）と記されている。第六九条では鎌倉幕府も博奕禁止を推奨しているとして、博奕をする者が出たならば懲罰を加えるとし、「傍輩」（仲間）も処罰すると定めている。現代も競輪・競馬・競艇などのギャンブルにのめり込み、自分のことがコントロールできないなどギャンブル依存症の人が少なからずいる。筆者としては、鎌倉時代の中世人の言葉に耳を傾けることも必要であると思う。

史料3は「人倫売買」＝人身売買を禁じた規定である。「口入人」（斡旋人）も同罪で処罰するとしている。

以上、史料1・2・3からは、鎌倉時代の中世人の考え方が現代でも踏襲されていることがわかる。「式条」は冒頭に「私ニ定め置く条々」と記され、宇都宮氏が私的に領内の人・土地・ものを支配していくために規定したのが「式条」だとする。しかし、筆者としては、「式条」を過去の地域限定的なもので、現代では通用しない法令と捉えるのではなく、「式条」に記されている、人間として普遍的な考え方が現代の法令にも少なからず継承されていると考える。

二　「結城氏新法度」

「結城氏新法度」（以下、「新法度」と略す）は、下野南部に隣接した北下総結城郡上方（茨城県

結城政勝画像
（東京大学史料編纂所所蔵模写）

結城市北部・栃木県小山市北東部）を領国とした戦国期権力結城政勝が戦国時代弘治二年（一五五六）に制定した武家家法（分国法）である。「新法度」は、この法度を制定した趣旨が記されている前文、本文一〇四か条、結城政勝署判の制定奥書、追加二か条、重臣連署の請文、及び結城晴朝署判の追加一か条からなる。「新法度」は、主として家中の者たちを対象に、家中統制や領内支配を目的として制定された。

「新法度」に記されている主な内容としては、喧嘩・口論等（第三～六・七七・八〇・九五条）、殺人（第七・三七・三八条）、盗み・立ち入り（第九・一〇・三四・一〇〇条）、沙汰＝裁判（前文・第一一・一二・二九・四七条）、家中の者の召仕う下人・下女・悴者（第一四・一五・二四・九三・一〇四条）、軍役・軍事（第二五～二七・六六～七一・九六条）、要害等の普請・修繕（第三二・三三・九七条）、貸借・売買（第三九～四六条）、親子関係（第五一～五三条）、所領関係（第五八～六〇条）、家中の者の服務規則（第六一～六五条）、荷留等（第七三～七六・八五・八六条）などが挙げられる（条文数で三ケ条以上同じ内容項目が記載されているものを列記）。

ここでは、「新法度」の内容について、現代社会と比較し異なる項目と、現代社会に踏襲され現代社会と考え方の面で共通性が見出せる項目に分け検討してみたい。まず、現代社会と比較して異なる項目について。第一が喧嘩・口論等が起こった際の対処方法である。関連する条文を提示する。

【史料4】「新法度」第三条

一、かりそめの喧嘩・口論、何事成共、縁者・親類をかたらひ、一所候て徒党だての輩、理非をさしをき、先徒党だての方へ、咎をなすべく候、可被心得（心得らるべし）、

【史料5】「新法度」第四条

一、喧嘩・口論其外の沙汰にいんぎう（引汲）・かたん（加担）のもの（者）、本人よりも一類削り候べく候、可被心得候（心得らるべく候）、

史料4は、喧嘩・口論の際に、縁者・親類を頼み徒党を組んだ者は、事の善悪を問わず処罰すると規定し、徒党を結ぶことを禁じている。史料5は、喧嘩・口論その他の争いに際し、引汲・加担した者は、本人はもとよりその一族の家名を断絶すると規定し、加担を禁じている。中世社会は自力救済の社会で、自分の生命や権利・財産は自ら守らなければならなかった。中世人は喧嘩・口論その他相論（争論）になった際には多数派工作をし、力のバランス

がくずれ自分（自派）に有利になったところで実力行使に出、自分の生命や権利・財産を守ろうとした。そのため、中世では個人対個人の争いは集団対集団の争いに発展していくことが多かった。戦国大名が喧嘩両成敗を打ち出したのも家中内紛を押さえ、家中の争いに際し、親類・縁者が集団となって一族の者を守るという社会風潮に対処するためであった。

それに対し、現代では、例えば傷害事件などでは被害者が警察に被害届を出し、原告と被告の個人対個人の関係で司法の場で解決を図るシステムになっている。現代は、個人対個人の関係が集団対集団の関係に発展することは少ない。

第二は、証拠のない事件である。関連する条文を提示する。

【史料6】「新法度」第一二条

一、証拠のなき事は、神慮に□□んくわの沙汰をなし、放すか切る歟たるべく候、

史料6は、証拠のない事件について、神慮（神判）で無罪（放免）か有罪（斬刑）を決めると規定し、戦国時代神慮（神判）が重視されていたことが推測される。神慮（神判）の内容は不明であるが、後世江戸時代慶長十六年（一六一一）に、戦国時代結城領の北辺地域であった河内郡薬師寺・町田・田中村（以上三ヶ村現下野市）と都賀郡小金井村（宿）（現下野市）との間で境目入会秣場相論が起こった。相論は前記三か村が勝利し、結着は「鉄火取」という方法で行

われたという。「鉄火取」は真赤に熱した鉄棒を握らせ、やけどの程度で決着をつけるというもので、裁決を神意にゆだね、罪・偽りのない者は鉄火をにぎっても無事であるという考えから行われた中世的な裁定方法であったという（泉正人「新田開発と入会争論」『国分寺町史』通史編第四編第一章第二節二）。「鉄火取」も史料6に記されている神慮（神判）の一つであった可能性が考えられる。

ところで、現代の刑事事件では「疑わしきは罰せず」の原則（刑事訴訟法第三三六条）で、犯罪事実がはっきりと証明されない限り被告人は無罪となる。神慮（神判）で無罪（放免）か有罪（斬刑）を決める「新法度」の規定とは異なる。

第三は、婚姻である。関連する条文を提示する。

【史料7】「新法度」第二三条

一、他家之事は不及是非（是非に及ばず）、洞なりとも此方うけがはぬ所へ、此以後縁組むべからず、自然之時各々可劬労事、不可然候（自然の時各々劬労すべき事、然るべからず候）、

史料7は、家中の者の縁組について、他家の家中とはもちろん当家中の者との間でも結城氏が承諾しない縁組はしてはならないと規定し、結城氏の承諾を得ない私的婚姻を禁じている。この点は、他家の家中の者と結城氏の家中の者が婚姻関係を通じて結びつき、他家の影

響力が結城氏に及ぶことを防ぐ一方で、結城氏の家中の者同士が婚姻関係を通じて結びつき結城氏に反抗することを防ぐための方策であったと言えよう。

それに対し、現代の婚姻は戦国時代のように家と家の婚姻ではなく、当事者個人同士の合意に基づいて成立する（日本国憲法第二四条第一項）。戦国時代との違いは、結婚するに際して、現代は当事者同士の考えを最優先にしている点に違いが見出せる。

第四は、境界相論（争論）の解決方法である。関連する条文を提示する。

【史料8】「新法度」第五八条

一、境論之沙汰、如推量者（推量の如くんば）、前々より持来候所、田畠何段と云所に、論者あるまじく候、其所帯の側に候はん原か野か山か、何ゝても候を、自両方（両方より）開き詰、これは此方の内と論ずべきと見及候、それは証拠も榜爾もなき事にて候間、調べたて候て、十段の所ならば、両方へ五段づゝ付け候歟、それをも兎角ならば、手許にさし置き、別人に可刷候（刷ふべく候）、此両条たるべく候、

史料8は、境界相論について記されている条文である。前々より所有権がはっきりしていて田畠何段というような所では境界争いは起きない。争いは、そうした田畠に隣接した原野・山林を双方から開墾していった揚句に境がぶつかり合い、ここは自分の所領の内だと称

して起きるのであろう。そうした場合は、証拠となる証文も境界標識である牓爾（牓示）もないわけだから、係争地を測量し、十段あるとすれば、両方五段ずつ分け合うか、それでも両方納得せず文句があるならば結城氏が没収し、別人に宛行うことにするという内容である。結城政勝としては、係争地の解決方法として鎌倉時代以来の中世の古法（慣習法）である下地中分を踏襲し解決しようとしたことがわかる。下地中分は、荘園の管理人である地頭の力が強まる中で荘園の支配権をめぐって荘園領主と地頭が下地（土地）を折半しお互い干渉することなく支配する解決方法である。

現代は、隣人同士で境界トラブルが起こった場合、法務局には土地の面積・縦横の長さ・形状・位置などが正確に記された地図がある。また、土地家屋調査士もいて資料収集や測量をし、境界線の復元などが可能である。最終的には裁判で境界線がはっきりし、戦国時代のような係争地の折半で解決するというような方法をとらなくてもすむようになっている。

第五は、音信に対する考え方である。関連する条文を提示する。

【史料9】「新法度」第七九条

一、かりそめにも敵境へ音信すべからず、万一無拠子細候者（万一拠んどころなき子細候はば）、致披露可申届候（披露を致し申し届くべく候）、脇より聞ゑ候はゞ、御□□□ふなく存候、史料9は、敵地の者には便りを出してはいけないとし、止むを得ず便りを出す場合には事前に結城氏に事情を話し承諾を得てから出すようにと規定し、他領の者との私的音信を禁じている。

この点も婚姻同様、家中の者が他家の家中の者と結びつき、他家の影響力が結城氏に及ぶことを防ぐためであったと言えよう。

現代では、日本国憲法第二一条第二項で「通信の秘密は、これを侵してはならない。」と規定されており、私信を出す出さないは個人の判断に任されており、事前検閲などもない。

第六は、商い行為に対する考え方である。関連する条文を提示する。

【史料10】「新法度」第八一条

一、何にても、販いたし候はん事、無用と触れさせ候処、或は指南之者、又は悴者・下人等、又我々屋敷に置き、殿を建てられ、我々屋敷にて何事いたし候共、（中略）是者不可然候（是は然るべからず候）、（下略）

史料10は、家中の者の商い行為を禁じた規定で、家中の者が指南している者や家中の者が召仕っている悴者・下人などを自分の屋敷内に置いて、商売用の建物を建て商売するのはよくないとしている。前節でも指摘したが、「宇都宮家弘安式条」第六一条では宇都宮社内で雑務を行ない神領に行き年貢・公事の徴収をしていた宮仕の下部が、市商いをすることについて「面を汚す」として、宇都宮氏は彼らの商業活動を低く見ていた。結城氏も家中の者の商業活動を禁じており、現代人の商業観とは違いが見られる。

以上が、現代社会と比較して異なる「新法度」の項目についてである。

次に、現代社会に踏襲され現代社会と考え方の面で共通性が見出せる「新法度」の項目について見ていく。第一が博奕の禁である。関連する条文を提示する。

【史料11】「新法度」第一条

一、ばくちはやり候へば、喧嘩・盗、結句つまり候へば、はからぬたくみなし候間、第一かなふべからず、ばくち双六堅く禁制申べく候、（後略）

史料11は、博奕の禁を規定している。博奕がはやると、喧嘩や盗みが行われ、結局経済が行き詰ってしまい、思いもかけないような企み（悪事）をしてしまうので「ばくち双六」は禁止すると記されている。博奕の禁は、前節で検討した鎌倉時代の「宇都宮家弘安式条」第六九条でも規定されていた。現代もギャンブルにのめりこむと自分のことがコントロールできくなって困っている人がいる。現代も、博奕の禁は鎌倉時代や戦国時代の中世人の言葉に耳を傾ける必要があると思う。

第二は、人商い禁（人身売買の禁止）である。関連する史料を提示する。

【史料12】「新法度」第二条

一、於当方（当方に於て）、人商候悴者［　　　］、此法度あげ候以後、人売の沙汰と［　　　］面目失はせべく候、自然其身の召仕ひ候下女・下人、放すべきに候はゞ、能々子細を披露候て、印判を取、売り放すべし、他所より頼まれ候とても、人商いたすもの候はゞ、聞たゞし、うちひしぐべし、可被心得候（心得らるべく候）、

史料12は、人商い禁（人身売買の禁止）を規定している。この法度を定めて以降、人を売ったことが露見したならば、売った者は処罰すると規定している。ただ、やむを得ず自分が召仕っている下女・下人を売らざるをえない場合は、結城氏に事情を上申し、許可の印判を拝領したうえで売り渡すようにと記し、他所の人から頼まれたからとしても、人商いをする者がいたならば打擲すると厳罰で臨むことを記している。

現代も刑法には人身売買の項目があり、違反者は処罰される。刑法第二二六条の二には「①人を買い受けた者は、三月以上五年以下の懲役に処する。」「④人を売り渡した者も、前項と同様とする。」とあり、刑法第二二六条の二③に記されている刑期は「一年以上十年以下の懲役」である。

前節で述べた鎌倉時代の「宇都宮家弘安式条」第七〇条にも「人倫売買」＝人身売買を禁じた規定があった。人間の尊厳を踏みにじる人身売買を禁じる考え方は、中世人も現在人も同じであることがわかる。

第三は、家中の者の服務規則から指摘できる現代にも通じることである。関連する史料を提示する。

【史料13】「新法度」第六一条

一、多からぬ傍輩間ことに見候へば、何も縁者・親類之中にて、道理候とて、互に雑言交り沙汰、さらに〳〵見にくき仕業にて候、（中略）たゞ何たる細事をも腹たゝず、親類間成共、慇懃に其理述べらるべく候、さらに〳〵雑言交り、見たふもなき所行にて候、

【史料14】「新法度」第六五条

一、雑談は沢山にある物に候処、これのゑんにて、洞中又は他所悪名批判必々無用に候、殊に傍輩間之後言、是又更々不可叶候（是又更に更に叶ふべからず候）、（後略）

史料13は、結城政勝が見ている家中の者たちについて記述した部分である。家中の者を見

ていると、どちらも縁者・親類同士であるにもかかわらず、自分に道理があるとしてお互い雑言（悪口）交じりの言い争いをしているのは見苦しい。どんな些細なことでも、腹をたてずに、親類の間柄であっても、丁寧に筋道を立てて話すべきである。ともかく、雑言（悪口）交じりの言い争いは見たくないと述べている。

史料14は、史料13同様、結城政勝が見ている家中の者たちについて記述した部分である。あれこれ雑談は沢山交わされるものであるが、「これのゑん」、結城氏の城内の縁側であろうか、家中または他所の人の悪口や批判をするのは無用にすべきである。特に、同僚間での「後言」（陰口）は、これまたやってはいけないと述べている。

史料13の中略の部分には、もともと親しい縁者・親類なので仲直りも早いもので、先ほどまで刀を突きたてる騒ぎを起こしていたかと思えば、その同じ二人が仲良くご飯の茶椀で酒を酌み交わしており、馬鹿馬鹿しいと記されている。

現代も、悪口や陰口や噂話は尾を引く。当人のいない所で言われた悪口・陰口・噂話の内容がまわりまわって言われた当人に伝わり、人間関係が悪化したという話を聞く。他人の悪口や陰口を言う人は、周囲から信用されなくなり、無駄な敵を作ってしまい、人も離れていき孤独な思いをし、困ったときに助けてくれない可能性がある。現代人も他人の悪口や陰口や噂話を慎むよう肝に銘じておくべきであろう。

以上である。

おわりに

本章では、「式条」と「新法度」を通して、中世社会と現代社会を比較し異なる項目と、現代社会に踏襲され現代社会と考え方の面で共通性が見出せる項目に分けて検討した。結果として、以下のことを述べた。

第一は、「式条」から言及したことである。「式条」の記載を通して、当時の宇都宮氏を取り巻く世界が、宗教色が濃く政教未分離であったこと、女子の相続に対する考え方が低かったこと、三権分立がなされていない社会であったこと、道路や橋の造成方法が現代と異なっていたこと、商業活動に対する考え方が低かったことなど、現代とはかけ離れた過去の社会のように感じられることを述べた。しかし、「式条」に記されている犯罪人の処罰、博奕禁止、人倫売買禁止に対する考え方は、現代社会でも通用することを指摘した。

第二は、「新法度」から言及したことである。「新法度」の記載を通して、当時の結城氏を取り巻く世界が、個人対個人の喧嘩・口論が集団対集団に発展していくことが多かったこと、証拠のない事件の解決方法が神慮（神判）によって行われていたこと、家中の者の婚姻が家同士の婚姻で、結城氏の承諾を得ない私的な婚姻が禁じられていたこと、境界相論の解決方法として測量をした上で折半する方法がとられていたこと、家中の者が敵地の者に私信を出す場合には結城氏の承諾を得なければならなかったこと、及び家中の者の商業行為が禁じられていたことなど、現代社会とは異なっていたことを述べた。

その一方で、「新法度」に記載されている博奕禁止、人商い（人身売買）禁止、悪口・陰口・噂話の禁止といった家中の者の服務規定が現代社会でも通用する考え方であることを指摘した。

現代人の中には、「式条」と「新法度」を過去の歴史的遺産に過ぎず、現代社会に通用するものがないと考えている人がいるかもしれない。しかし、今回の考察により、現代には通じない中世独特な考え方と現代でも通じる中世人の考え方とが規定されていることがわかった。

ところで、筆者は中世の時代幅を、平安時代末期の院政期（十一世紀末期）から豊臣秀吉による天下制覇（十六世紀末期）までの約五〇〇年間と考えている。現代人が目にすることができる中世の文化財は何であろうか。想起されるままに記すと、中世城館、中世創建の寺社、中世遺跡、鎌倉道（かまくらみち）・奥大道（おくだいどう）などの中世の古道、陶磁器・かわらけ・古銭・刀剣などの考古遺物、仏像・磨崖仏（まがいぶつ）・板碑（いたび）・経筒（きょうづつ）・仏画（ぶつが）などの宗教遺物、肖像画・山水画などの絵画、古文書・古記録などの文献史料が挙げられる。筆者は今まで古文書・古記録の分析を中心とした文献史学の分野から実証主義に基づき地域の中世史を研究してきた。今後も、文献史学を中心に他のジャンルの史資料も活用し地域の中世史を多角的に明らかにするとともに、現代と中世との相違点や共通点を探っていきたいと思っている。その上で、自分の生き方について先人の歴史や足跡から学んでいきたいと考えている。

第八章　戦国時代から考える現代日本の原則と国民の義務

—下野を中心とした史料から—

はじめに

私事になるが、筆者はこれまで下野を中心とした東国の戦国時代の歴史について、一次史料を中心に実証主義的な立場から研究を進め単著四冊を上梓した。一冊目は『戦国期北関東の地域権力』（岩田書院、一九九七年）で、戦国時代下野中央部の宇都宮氏を中心に宇都宮氏の家中や同氏と関係が深い壬生・皆川・那須氏などの動向と存在形態を素描した。二冊目は『戦国期東国の権力構造』（岩田書院、二〇〇二年）で、那須・宇都宮両氏を素材として北関東ひいては東国における戦国期国衆の権力構造を検討した。三冊目は『戦国期東国の権力と社会』（岩田書院、二〇一二年）で、戦国期東国社会の様相や佐野・小山・皆川氏などの権力構造及び彼らの外交・家臣、戦国期政治権力と城館・町場との関係、宗教勢力の一側面などを明らかにした。四冊目は『戦国・近世初期の下野世界』（東京堂出版、二〇一一年）で、戦国・近世初期の佐野・小山・宇都宮・那須氏などの世界を明らかにする一方で、戦国末・近世初期に小山氏や宇都宮氏が没落した後の当主と家臣団の動向などを追求した。取り分け四冊目の最後「本書のおわりに」では、実学として現代や未来の人々が活用できる歴史学研究を推奨し、四冊目の各章で指摘したことを敷衍し、戦国・近世初期と現代との比較という視点で論じた。

本章は、これら筆者の研究動向を引き継ぐ小論である。ここでは、現代日本の基本理念である日本国憲法の三つの基本原則、国民主権（国民が国の政治の主人公）・基本的人権の尊重（国民は全て個人として尊重され、自由と人権が保障される）・戦争放棄、及び国民の三大義務である教育・勤労・納税の義務について、下野を中心とした戦国時代の史料を通して、戦国時代の社会と現代社会との比較から異同や現代に通じるものなど私見を述べる。

なお、参考までに筆者の考える戦国時代の社会像を提示しておく。戦国時代は、十五世紀後半から十六世紀末期までの約一五〇年間で、武士が支配層の中心となって郷村や町場に住む多くの農民など民衆を支配していた時代である。この時代の基本的な考え方は自力救済で、支配者の武士であろうと被支配者の民衆であろうと自分の生命や名誉・権利は自分で守らなければならなかった。その上この時代は気候が比較的寒冷で、戦乱・災害・飢饉・疫病などが多かったため、人々にとって生き残ることは常に大きな問題で、死の恐怖は身近なことであった。それだけに、この時代の人々は神仏への信仰心が深く、神仏に救いを求める他力救済の動きも見られた。このように、戦国時代は生活する上で非常に過酷な時代であった。しかし、この時代の人々は懸命に生き抜き、次の豊臣政権期や江戸時代ひいては現代の私達に至る橋渡し役をした。

本章では、このような戦国時代相を前提に考察していくことを断り書きしておく。

一　主権・人権・戦争（日本国憲法の三原則）

A. 主権

> **「日本国憲法」前文**
> 主権が国民に存することを宣言し、この憲法を確定する。

戦国時代は身分制社会で、家格や社会的な身分・序列が重視された社会であった。それ故に、郷村（ごうそん）や町場にいた人々は戦国時代の主権者ではなかった。それでは戦国時代誰が主権者だったのか。結論を先に言えば、戦国大名家や国衆家の隠居した前当主が主権者であった場合もあったが、基本的には戦国大名家や国衆家の当主が主権者であった。下野の場合、国衆（くにしゅう）家当主の政策決定の際には、国衆家当主の兄弟や宿老（しゅくろう）（国衆の有力一族や有力重臣）が国衆家当主の城に出向き衆議（寄合（よりあい）談合）するか、国衆家当主から使者や書状を遣わされて意見を述べていた。戦国時代末期になると、宿老層が離反し、国衆家当主に仕える側近の直属重臣が国衆家当主の政策決定に関与するウェイトが増加した。この点からは、戦国時代主権者である国衆家当主に意見を具申できた者は一部の者に限られていたと言えよう。関係する史料を読み下し文にして提示する（以下、史料1・3・4・12・13・15・18・23以外は読み下し文にして史料提示）。

【史料1】「小川岱状」（国立公文書館内閣文庫所蔵）

小川岱状

夫北条氏政と結城晴朝の御間、仰せ合わせらる事一代ならずと聞し（か脱カ）ど、晴朝の御胸臆、積恨やおわしけん。水に降る雪人知れず、氷る心の解けざれば、天正五年夏初め、小田原へ手切せんと内儀の評定取々なり。結城殿（晴朝）へ属さる方は、山川讃岐守（晴重）・多賀谷修理亮（重経）、その外上下心を一にし、万一弓矢の例にして衽に成り来たり、誰か悔い候わん。尤も然るべしと申す中にも、水谷蟠龍斎（正村）は小田原に八る儀、不安の子細候。（中略）もしその計らいに誤り、則ち禍その身に及ぶ後、悔いると雖も益なきときは、御短慮の御制と存ずるなりと候処に、息水谷伊勢守（勝俊）吾等存分も以って同意に候と雖も、今度の御弓箭御運を開くべきにあらず。（中略）そのうちに急速に佐竹殿（義重）へ御和融ありて、当口を一統に御取り扱い、一弓矢請けなさるべき御遠慮こそ肝心なれ。是を多賀谷修理亮啐啄の事なれば、若輩ながら（佐竹）義重御前をば御籌策に覃ぶべきかと申しければ、（結城）晴朝は左右にも修理亮に任すなり。走れ廻れとのたまえば、佐竹へ多賀谷打ち越し、始中終迄調けり。（下略）

【史料2】那須資晴書状（「瀬谷文書」）

この度川崎表調儀の事、塩谷阿波守方侘言候間、談合のため太田原三河守指し越し候いつる処、委細に返答。しかれば各へ触状相認め遣わし候いき。（中略）万吉々、恐々謹言。

（追而書略）

（天正十三年カ）九月廿一日　　　　（那須）資晴（花押）

（大関高増）未庵

史料1は、常陸小河合戦や天正五〜六年（一五七七〜八）前後の下総結城地域を中心に常陸や下野などの歴史も加味して記述されている古記録で、記述内容は同時代の古文書でも裏付けが取れる良質な史料である。抄出した部分には、下総結城晴朝が天正五年夏初めに小田原北条氏と手切れした経緯が記されている。晴朝は内儀の評定を開き、山川晴重・多賀谷重経・水谷蟠龍斎・同勝俊など門閥の有力な一族・重臣に北条氏との手切れについて諮問した。山川晴重と多賀谷重経などは北条氏と手切れする晴朝の考えに賛成したのに対し、水谷蟠龍斎・同勝俊は北条氏と手切れすることに反対した。最後は、結城氏当主晴朝が多賀谷重経の意見をとり入れ北条氏と手切れすることを決断したと記されている。史料1からは、結城氏当主の下に門閥の有力一族や重臣が集まり「評定」を行い、結城氏当主が政策決定していたことがわかる。

史料2は、烏山城（那須烏山市城山）の城主那須資晴が天正十三年（一五八五）九月二十一日付けで黒羽にいた那須氏の門閥有力重臣の未庵（大関高増の法名）に送った書状である。資晴は、宇都宮方の川崎塩谷氏攻撃について那須方の大蔵ケ崎城（喜連川城とも、さくら市喜連川）の塩谷孝信が陳情してきたので、未庵と話し合うために直臣太田原三河守を派遣したところ、委細に了承する旨返答してくれたと述べ、このことを踏まえて、那須衆の各々に軍勢催促の触状を書いて遣わしたと記している。史料2からは、那須氏当主が門閥の有力な重臣の下に使者を派遣し意見を聞き政策を決定していたことがわかる。

史料1と史料2からは、戦国時代国衆当主と門閥の一握りの一族・重臣で国衆の家の政策決定をしていたと言えよう。戦国時代国衆の家に関係した人は門閥の一握りの一族・重臣以外に侍・中間・小者などたくさんいたはずである。しかし、彼らは国衆の家の政策決定には参加できなかった。ましてや郷村や町場に住む多くの人々も国衆の家の政策決定に参加できなかった。現代の国民主権と比較すると雲泥の差があったと言える。現代は、戦国時代と違い、国民には政治に参加する権利がある。現代に生きる私たちは、政治家や為政者の常日頃の主義・主張・行動を正しく見極めることが重要である。そして、自分たちの権利を放棄することなく、社会問題を自分の問題として考えるようにし、自分の意志を持って選挙に行き、国や自治体の政治に参加する自覚を持つことが肝要であろう。

B. 人権

「日本国憲法」第十一条
【基本的人権の享有】
国民は、すべての基本的人権の享有を妨げられない。この憲法が国民に保障する基本的人権は、侵すことができない永久の権利として、現在及び将来の国民に与へられる。

前記したように、戦国時代は身分制社会で、家格や社会的な身分・序列の面で上位の者は優遇されていたが、弱者の人権は強者によって踏みにじられていた。ここでは、後者について関連史料を提示する。

【史料3】「塵芥集」四十七条（『中世政治社会思想』上）
逃ぐる人見つけ候はゞ、則主人の方へ返しをくべし。もし拘へをき、音信にをよぶのうへ、かの下人かさねて逃げ候はゞ、見つけ候人、不運たるべし。しからば、男は三百疋、女は五百疋の代物を弁へべし。

【史料4】「別本和光院和漢合運」（『越佐史料』巻四）

九（永禄）刁（寅）二月十六日、小田（小田城）開城、カゲトラ（上杉謙信）ヨリ、御意ヲモッテ、春中人ヲ売買事、廿銭・卅弐弐（ママ）程致シ候、

【史料5】笠間綱家書状（「瀧田文書」）

態と啓上申し候。（中略）しかれば南軍の模様去んぬる二十二小田領打ち散んぜられ、二十三筑波に乱入し、知息院に放火し、籠られ候者二百余人越度、仁〔人〕馬際限なく取られ候由申し候。昨日二十五陣替の由候。今に承り届き申さず候。様子重ねて申し上ぐべく候。恐々謹言。

笠間綱三郎
綱家（花押）

（天正十六年）孟夏廿六日

（那須資晴）烏山江参

史料3は、南奥伊達氏の分国法「塵芥集」の逃亡下人に関する規定である。伊達氏は、伊達領の下人（隷属民）について、逃げた下人を捕らえ持ち主の主人に知らせながら、自分の不注意で再び逃してしまった場合、男の下人は三百疋、女の下人は五百疋の弁償金を支払うようにと定めていたことがわかる。百疋が現在の金額にするとおよそ十万円にあたるから、

三十万円から五十万円の弁償金を支払っていたことになる。それにしても戦国時代の下人の相場が安すぎる。

史料4は、人身売買に関する史料である。永禄九年（一五六六）、越後の戦国大名上杉謙信は小田氏治の常陸小田城（茨城県つくば市）を攻め、二月十六日に攻略し開城させる。この史料からは、謙信の許可のもと将兵たちが分捕った人々の人身売買をしていたことがわかる。金額は二十銭（二十文）から三十二銭（三十二文）の売値で人の売り買いがなされていた。一文は現在の金額にするとおよそ百円に相当するから、おおむね二千円から三千円の安価で人身売買されていたと言えよう。

史料5は、宇都宮氏の一族で常陸笠間城（茨城県笠間市）の城主笠間綱家が天正十六年（一五八八）孟夏（陰暦四月）二十六日付けで烏山城（那須烏山市城山）の城主那須資晴に宛てた書状である。北条軍が孟夏二十二日に小田領を攻めて打ち散らし翌日筑波山に侵攻した。北条軍は筑波山内の知息院に放火した。そのため、同院に籠城していた人々二百余人が命を落とし、人馬も北条軍に際限なく取られたと記されている。

史料3・4・5からは、戦国時代、同じ人間でありながら下人や戦争奴隷が時には商品として扱われ、いかに人権を無視され虐げられていたかがわかる。現代は身分制度が否定され、全ての人が人種、信条、性別などにかかわりなく、人間として幸福な生活を営む権利を保障され、法の下の平等を保障されている。しかし、我々は意識して人権について考え守っていかなければ失われる可能性がある。取り分け戦争が起こると人は普段の時と違って現実認識や意識の面で変容する。自分が何をしているのか気づかず狂気じみた行動に出る場合もある。現代も戦争になると人権を無視した掠奪や乱暴、虐殺などが起っている。我々は人権侵害や戦争を許さず、一人の人間が生きてきて良かったと思えるような社会をつくっていかなければならないと思う。

C. 戦争

> **「日本国憲法」第九条**
> **【戦争の放棄、戦力及び交戦権の否認】**
> ①日本国民は、正義と秩序を基調とする国際平和を誠実に希求し、国権の発動たる戦争と、武力による威嚇又は武力の行使は、国際紛争を解決する手段としては、永久に放棄する。
> ②前項の目的を達するため、陸海空軍その他の戦力は、これを保持しない。国の交戦権は、これを認めない。

戦国時代年紀ははっきりとしないが、鹿沼城（鹿沼市今宮町・西鹿沼町）の城主徳雪斎周長が十月十七日付けで足尾郷を支配するにあたり郷内の土豪斎藤大和守と七人のおとな中に宛てた八か条からなる定書写（徳雪斎周長定書写「足尾原文書」）がある。この定書写の第二条には「一、喧嘩之上人をきり候而も、はつせん（罰銭）三貫文之事、付、きられ候而も三貫文之事」（括弧内は筆者の注記）とある。喧嘩して人を斬っても人から斬られても罰銭（罰金）三貫文（現在の金額で約三十万円）という規定で、罰銭を支払うのがいやなら喧嘩をするなという論理である。まさに喧嘩両成敗である。因みに、喧嘩両成敗は戦国時代の分国法にも規定されており、駿河・遠江の戦国大名今川氏の分国法「今川仮名目録」第八条には「喧嘩に及ぶ輩、理非を論ぜず、両方共に死罪を行うべきなり」とある。

ところで、国衆や戦国大名はなぜ領国内の者に対し喧嘩両成敗で臨んだのであろうか。戦国時代の人々の基本的な考え方は「はじめに」の所でも述べたように自力救済で、自分の生命や名誉・権利が侵害された時、自らの実力で生命を守り権利を回復するのが常識であった。そのため、戦国時代の人々は多数派工作をし、自分にとって有利な状況になってから攻撃をしかけ名誉や権利を回復していた。「やられたらやり返す」「復讐は当たり前」というのが戦国時代の人々の一般的な考え方であった。戦国時代喧嘩や戦争が多かったのはこのような当時の人々の思考が根底にあったためと思われる。そのため、戦国大名や国衆は自力救済に基づく私的な復讐や集団的な私戦を禁止し、全ての紛争解決を戦国大名や国衆の成敗（裁判）に委ねさせようとしたと言えよう。

このように、戦国大名や国衆の中には喧嘩両成敗で領国の平和維持をめざしたが、戦国時代には国衆同士、戦国大名と国衆、戦国大名同士の国郡境目をめぐる争いなどを原因とする戦争が多く見られた。ここでは、下野を中心とした戦争で戦禍が記されている主な史料を提示する。

【史料6】「今宮祭祀録」享禄四年条（西導寺所蔵）

同（享禄）四辛卯氏家頭　鷲沢郷

那須御退治により、小田（政治）殿御出陣候て、氏家に二日に及び御馬を立てられ候故、黒土に成され候間、上意を以って御正躰迄にて勤められ候いき。（下略）

【史料7】結城晴朝書状写（「下総崎房秋葉孫兵衛旧蔵模写文書集所収乗国寺文書」）

在陳（陣）に付いて、使僧を以って御懇切に承り候いき。御入（ママ）に存ぜしめ候。仍って宮領に向け残る所なく放火し、昨日は宇都宮宿近辺迄黒土に成し候いき。御満足たるべく候。

（中略）恐々敬白。

霜月十一日（永禄半ば頃）　晴朝（結城）（花押影）

乗国寺

侍者御中

【史料8】結城晴朝書状（「大竹房右衛門氏所蔵文書」）

今度義重（佐竹）へ申し合わせ、壬生に向け調議（ちょうぎ）、作毛（さくもう）前後左右残る所なく苅（か）り捨て取り壚（くろつち）に成（な）し候いき。晴朝（結城）の本望之（これ）に過（す）ぐべからず候。（中略）恐々謹言。

五月六日（天正六年）　　晴朝（結城）（花押）

那須殿（資胤）

【史料9】結城晴朝書状（「青山文書」）

急度啓（きっとけい）せしめ候。（中略）しかれば当口の儀は、去んぬる二十三小山に向け相動（あいはたら）き、外宿（とじゅく）取り破り、内宿（うちじゅく）に於（お）いて敵三十余人討（う）ち捕（と）り、両日榎本（えのもと）近辺迄（まで）残る所なく作毛苅（さくもうか）り取らせ候いき。（中略）恐々謹言。

八月三日（天正七年カ）　　晴朝（結城）（花押）

（宛所欠、白川義親宛（しらかわよしちかあて）カ）

【史料10】「今宮祭祀録」天正十三年条（西導寺所蔵）

同（天正）十三乙酉氏家御頭（おんとう）　飯岡郷　飯岡八郎

風損について、宮本へ侘言（わびごと）申され候間（あいだ）、早々に勤役申され候いき。（中略）その年極月十五日南方（なんぽう）氏尚（直）宮中（みやちゅう）に乱入し、大明神（だいみょうじん）の御殿（ごてん）をはじめ、楼門（ろうもん）・廻廊（かいろう）・日光堂・大御堂（おおみどう）・

小寺山・蓬莱、その外興禅寺・東勝寺、一処も残らず悉く焼き払う。宮には御代官として権太（玉生）夫居えられ候。後代のため子細を註し候なり。

【史料11】「大般若経」第三六九巻奥書（日光山輪王寺所蔵）

天正十八年庚寅卯月十七日おわんぬ。当上人真鏡坊昌證之を書く。
昨日十六日鹿沼宮中より取り放ちおわんぬ。坂田山に火を付け、内宿・田宿焼かれおわんぬ。持ち直す。則ち敵五十余人討ち取り候いき。義雄（壬生）小田原へ参陣し留守に遊ばされ候。しかしながら天道不思議に持ち返しおわんぬ。

【史料12】豊臣秀吉朱印定書（「小田部好伸家文書」）

定

一、軍勢味方の地にをいて濫妨狼藉之輩、一銭きり（切）たるへき事、
一、陣取にをいて火をいた（致）すやから（族）これあらは、からめとり出すへし、自然令逐電ハ其主人罪科たるへき事、
一、糠・わら・薪・さうし以下、亭主にあひことハり可取之事、
右条々若令違犯者、忽可被加御成敗者也、
天正十八年八月日 ◯（朱印、印文未詳、糸印）

史料6は、今宮明神（さくら市馬場今宮神社の前身）の祭礼に関する古記録の抜粋である。享禄四年（一五三一）条によれば、この年常陸小田政治が那須氏を攻めるために氏家（さくら市氏家一帯）に二日間にわたり在陣し、「黒土」（焦土）にしたとある。

史料7は、下総結城晴朝が永禄年中半ば頃の霜月十一日付けで結城領内にあった乗国寺（茨城県結城市）に宛てた書状の写である。晴朝は、宮領（宇都宮領）に向け侵攻し、進軍ルート上の郷村や町場と推測されるが放火し、昨日は宇都宮領の近くまで「黒土」（焦土）にしたと述べている。

史料8は、結城晴朝が天正六年（一五七八）五月六日付けで烏山城の城主那須資胤に宛てた書状である。結城晴朝は那須資胤に常陸の佐竹義重と申し合わせて小田原北条方の壬生氏の壬生城（壬生町本丸一丁目）を攻め、進軍ルート上の郷村や町場と推測されるが「作毛」を刈り取って耕地を破壊し、放火もしたのであろうか、「壚」（焦土）にしたと述べている。なお、「作毛」は書状の日付から考えると麦を中心とした作物と思われる。

史料9は、結城晴朝が、天正七年のものと推測される八月三日付けで南奥の白川義親に宛てた書状である。結城晴朝は白川義親に近況報告し、この時期小田原北条氏の属城となっていた小山城（祇園城とも、小山市中央町・城山町・本郷町）を攻め、まず外宿（侍以外の百姓・町人が住む宿）を打ち破り、それから内宿（侍屋敷）に攻め入って敵三十余人を討ち取り、その後同じく北条方の属城となっていた榎本城（栃木市大平町榎本）近辺まで攻め、「作毛」を刈り取ったと述べている。なお、「作毛」は書状の日付から考えると稲を中心とした作物と推測される。

史料10は、「今宮祭祀録」天正十三年条である。小田原城主北条氏直が天正十三年極月十五日に宇都宮城下の「宮中」に乱入し、宇都宮大明神（宇都宮二荒山神社の前身）の御殿や興禅寺・東勝寺など一処も残すことなく焼き払ったとある。

史料11は、日光山輪王寺に所蔵されている「大般若経」第三六九巻の奥書である。この奥書によれば、宇都宮方が天正十八年（一五九〇）卯月十六日に壬生氏の坂田山（鹿沼城の一郭）に火をつけ、鹿沼城下の内宿（侍屋敷、鹿沼市内町通り一帯）と田宿（外宿のことカ、百姓や町人が住んでいた集落、鹿沼市田町通り一帯）を焼いたとある。

史料12は、豊臣秀吉が宇都宮城で小田原合戦後の関東・奥羽の戦後処理である宇都宮仕置をしていたときに出したと思われる朱印定書である。第一条では軍勢の乱暴狼藉を、第二条では陣取った地での放火を、第三条では勝手に「糠・わら・薪・さうし」などを取ることをそれぞれ禁止し、違犯者は成敗すると述べている。これらの事柄は、当時としては起こり得る可能性のある事柄で、秀吉はそれを禁じたと言えよう。

以上、戦国時代には戦争に伴い、兵士による放火（史料6・7・8・10・11・12）、苅田（史料8・9）、乱暴狼藉（史料12）、乱取り（人や物の掠奪、史料12）が行われていたことがわかる。これらの史料からは、戦禍に苦しむ人々の姿に想いを馳せることができる。先のアジア・太平洋戦争を考えると、戦争は国家同士の戦いであり、戦場とそれ以外の地域の区別はなく都市では空襲の被害を受けた。それに対し、戦国時代の戦争は国衆同士、戦国大名と国衆、戦国大名同士などで行われ、戦禍にあったのは戦場やその近隣地域に限定されていた。それでも、戦禍は人々の生活を一変させ、人々が時代を問わず苦しむのは同じであり、いつの世であっても戦争は避けたい。

最後に、戦国大名や国衆の軍勢動員について考えてみる。アジア・太平洋戦争は国家総力戦で、成年男子は徴兵制度で兵士として動員され、女性や子供も軍需工場などに駆り出された。戦国大名や国衆の軍勢動員はどうだったのであろうか。先学の研究成果によれば、小田原北条氏は、危急存亡の危機に直面した永禄十二年（一五六九）から元亀二年（一五七一）までの武田信玄との戦争の時、及び天正十五年（一五八七）からの羽柴（豊臣）政権との対決に備えた時期の二回、「御国御用」という名目を掲げ、北条氏当主の本城領と北条氏一門の支城領の郷村に限り、武士だけでなく十五歳から七十歳までの成年男子のみ、民衆を民兵として動員したという（黒田基樹「大名の裁判と領国の平和」、黒田『百姓から見た戦国大名』所収、筑摩書房）。

北条氏の場合、普通戦争になると、一門・譜代家臣さらには従属国衆に出陣命令が出され、状況によっては同盟関係にあった大名や国衆に対して援軍派遣や支援要請が出され、戦うのはあくまでも兵士が中心であった（黒田基樹「宣戦と和睦」、黒田『中近世移行期の大名権力と村落』所収、校倉書房）。戦国時代は兵と百姓の職分が明確に分かれていた時代であったにもかかわらず、百姓に弓・鑓・鉄炮を持たせ百姓のまま兵士として動員した背景には北条の家の存亡がかかっていたためと言えよう。

一方下野の宇都宮氏や那須氏などの国衆は、同盟関係にあった大名や国衆と連携する一方で、一族や重臣に書状や触状（ふれじょう）で軍勢動員していた。国衆当主や一族・重臣が領国内のどのような階層にまで軍勢催促をしていたかは史料的な制約でわからない。しかし、国衆当主や一族・重臣から戦功などで官途（かんと）・受領名（ずりょうめい）を付与されていた最下層の者が郷村（ごうそん）や町場に住む土豪クラスの家臣までであったことを考えると、兵士として動員された者は土豪クラスの家臣まででで、郷村や町場に住んでいた成年男子は兵士として動員されなかったと思われる。ましてや老人や女性・子供は動員されなかったであろう。

二　教育・勤労・納税（国民の三大義務）

日本国憲法は、国民の三大義務として、教育の義務、勤労の義務、納税の義務を定めている。ここでは、現代の日本国民の三大義務との関係で、戦国時代の教育・勤労・納税について見ていく。

A. 教育

「日本国憲法」第二十六条
【教育を受ける権利・教育義務】
①すべて国民は、法律の定めるところにより、その能力に応じて、ひとしく教育を受ける権利を有する。
②すべて国民は、法律の定めるところにより、その保護する子女に普通教育を受けさせる義務を負ふ。義務教育は、これを無償とする。

まず、戦国時代の教育に関する関係史料を提示する。

【史料13】「水谷蟠龍記」（『続群書類従』第二十一輯下）
七歳より好て弓馬兵法を学ぶ。八歳の頃は師匠におとらさる程也。九歳にて法花を習ひ、毎日一巻つゝ読誦し給ふ。十歳より万事の理非を弁し給ふ事は、尋常の人にすくれたり。

史料13は、下野芳賀二宮地域に近い常陸久下田城（茨城県筑西市）の城主水谷正村の生涯を記した古記録である。提示した箇所は、水谷正村（蟠龍斎は水谷正村の斎号）の幼年時代の部分である。この「水谷蟠龍記」は後世慶長十二年（一六〇七）二月四日に芳全寺（真岡市久下田）四世徳岩が書き留めたという奥書のある二次史料で、記述には正村（蟠龍斎）を顕彰するために誇張された部分があるという指摘もあろう。しかし、そうしたことを割り引いても幼年時代の正村のことが窺い知れる。正村は八歳の頃には弓馬などが師匠とならぶ程の才を見せ、九歳の頃には法華経を毎日一巻ずつ読誦したとある。戦国時代の大きな寺院は僧兵等の武力を有しており、正村が法華経読経を日課としていたことを考えると、正村が師事していた師匠は僧侶であったと推測される。

正村の弓馬鍛錬や法華経読誦の日課が師事した僧侶のいた寺院に赴いてのものか、僧侶が正村の所にやって来てのものか、はたまた正村が寺院に修行のためにわざわざ住み込んでいての日課かはわからない。ただ、正村が僧侶に師事して弓馬兵法や法華経を学んでいたことが窺えよう。

日本国憲法は第二六条第一項で国民に教育を受ける権利を保障し、同条第二項で全ての国民が保護する子女に普通教育を受けさせる義務を規定している。正村の年齢を考慮すると、正村が自ら弓馬兵法や法華経読経を志願して師事したというより、親や一族、ないし彼に仕えていた側近の家臣などからの勧めで始めたと言ってよかろう。

戦国時代の下野のすべての人々が教育を受けたかは史料的な制約でわからない。しかし、土豪クラス以上の武士や僧侶・神主などは対外的に読み書きや弓矢兵法や教養を必要としていたので、子弟に教育を受けさせたと思われる。明治時代義務教育が始まり子供たちすべてが学校に行くようになるが、戦国時代は生活上教育を必要とした人の子弟が教育を受けたと言えよう。

戦国時代、下野の教育機関としては足利学校が有名である。ここでは、足利学校の教授科目（教育内容）を考察してみる。

【史料14】学規三条（水府明徳会彰考館徳川博物館所蔵）

一、三註・四書・六経・列・荘・老・史記・文選の外学校に於いて講ずべからざるの段、旧規たるの上は、今更之を禁ずるに及ばず。（中略）

（第二条・第三条略）

文安三年丙寅六月晦日　釈長棟（上杉憲実）

【史料15】ルイス・フロイス著「日本史」序文（『フロイス日本史』1）

十、（前略）日本の大学が、ヨーロッパのそれと同様の権威、気品、学識、収入、格式などを備えていると考えてはならない。なぜなら日本の学生は、大部分が仏僧か、もしくは仏僧になるために学んでいる人たちである。（中略）彼ら（日本人）は、彼らの神学（とも言うべき）その宗派の教義や、シナが生んだ幾人かの賢者や古い哲学者たちの書物から採用した若干の道徳説を教えている。だが彼ら（学生）は（中略）占星術や医学のことも幾分かは学ぶ。ところでこれらの学問に関して（言えば）、全日本でただひとつの大学であり公開学校（と称すべきもの）が、関東地方（下野国）の足利と呼ばれる所にある。（下略）

史料14は、室町時代に鎌倉府のナンバー2関東管領を務めたことのある長棟（上杉憲実の法名）が、文安三年（一四四六）六月晦日付けで足利学校に学規（校則）三ケ条を制定し、足利学校に与えたものである。史料引用した部分は、第一条の抜粋である。第一条では、三註（「蒙求」〈中国の初学者向け教科書〉・「千字文」〈書の手本で漢文の長詩〉・「詠史詩」〈中国の歴史故事を題材とした詩〉）、四書（「大学」・「中庸」・「論語」・「孟子」）、六経（「詩経」・「書経」・「礼記」・「楽経」・「易経」・「春秋」）、「列子」、「荘子」、「老子」、「史記」、「文選」のほかは、足利学校内で講義してはいけないとしている。ここからは、室町時代足利学校では儒学中心の教育が行われていたことが推測される。

史料15は、戦国時代後期日本にやってきたイエズス会の宣教師ルイス・フロイスが著した古記録「日本史」の序文の部分の抜粋である。史料15では、足利学校で学ぶ学生の大部分が僧侶か僧侶志望者で、各宗派の教義と、古代中国の賢人や哲学者の著書からとった「道徳説」（儒学）を学んでおり、多少占星術や医学も学んでいると記述されている。ここからは、戦国時代になり、社会的な変化と要請により吉凶や戦さの日取りなどを占う占星術、医術や薬草などを学ぶ医学などの実用的な学問も学んでいることがわかる。

ともかく、史料14と史料15からは、現代でも教授科目について時が流れても変わらずに教えていくべき科目と、時の流れに応じて新設し教えていくべき科目があることを歴史の教訓として示唆しているように思われる。

その他下野の戦国時代の教育機関としては、修行する僧侶などのために大沢文庫という図書館のようなものを開設していた益子の円通寺（益子町大沢）、経典の開版事業を行い修行する僧侶にテキストとなる経典を供給していた宇都宮氏の氏寺東勝寺（現在は廃寺）、粟野の医王寺（鹿沼市北半田）、足利の浄因寺（足利市月谷町）などがあり、寺院も戦国時代下野の教育機関であった。足利学校も含めこれらの下野の寺院は公立の学校ではなかったが、地域の私立の学校の役割を果たしていたと言えよう。

つきつめて考えると、この当時の寺院が、現代流に言えば先述の教育に加え公安・医療・福祉など地域の行政サービスを担っていたと思われる。寺院は武力を有し境内地を含めた寺院内や寺院が持っていた所領内の警備を行い、貧しい人々には食べ物を施し、病人には薬を与えるなどの福祉・医療活動を行い、災害時には炊き出しをするなど災害支援活動もしていたと推測される。寺院の教育活動はただ単に自己の寺院や宗派の僧侶を養成するためだけでなく、地域サービスの一環として武士などの子弟にも教育を施していたと思われる。それ故に、国衆やその一族・家臣は寺院に所領を寄進していたと考えられる。確かに戦国時代は現代と違って神仏への信仰心が強かった。私としては国衆やその一族・家臣が寺院に所領を寄進していた背景にはただ単に信仰心からだけではなく、彼らが寺院による地域へのサービス活動を支持し支援していたためであったと考えている。この点は後考を俟（ま）ちたい。

B. 勤労

「日本国憲法」第二十七条第一項
【勤労の権利・義務】
①すべて国民は、勤労の権利を有し、義務を負（お）ふ。

初めに、戦国時代国衆（くにしゅう）の外様（とざま）的な家臣が国衆当主に軍役（ぐんやく）を命じられ、働いていたことが推測される史料を提示する。国衆は戦国時代の権力者で、一郡から数郡を支配していた領域権力である。下野の場合宇都宮・那須・小山・佐野氏などが該当する。

【史料16】北条氏忠（うじただ）軍勢催促状写（「島津文書」）

書出（かきだし）　　星野郷
弐百貫文（かんもん）
この着到（ちゃくとう）

五騎　馬上、指物四方に指すべし。
廿挺　鉄炮放侍、具足・甲、指物しな（撓）へ指すべし。
弐人　大小簱持、具足・皮笠着すべし。
　　已上廿七人
右、星野民部闕落に付いて、（中略）彼の知行星野の郷弐百貫文其方に相任せるに付いて、馬上五騎・鉄炮放廿挺仕立て、来る陣より無沙汰なく走り廻るべき由侘言候間、侘言の旨に任せ、星野郷其方に相任せ候。（中略）不足なく走り廻るべし。もし無沙汰に就いては越度に処すべし。仍って件の如し。
天正十六年戊子十二月廿日　　　　氏忠（北条）判
　小曽戸丹後守殿

史料16は、佐野唐沢山城（佐野市栃本町・富士町）の城主北条氏忠が、天正十六年（一五八八）十二月二十日付けで佐野氏の外様的な家臣で唐沢山城の北方現在の栃木市北西部三峯山の麓一帯にいた鍋山衆の盟主小曽戸丹後守に宛てた軍勢催促状の写である。氏忠は、星野郷（栃木市星野町一帯）の郷代官星野民部が「闕落」（失踪）したので、小曽戸丹後守に星野郷二百貫文の地の知行を任せることを告げ、理由として小曽戸丹後守が氏忠に馬上五騎・鉄炮放侍二十挺などの装備で次の戦さから参陣すると「侘言」（陳情）してきたことを記述している。

最後に、氏忠は小曽戸丹後守に軍役を無沙汰したならば「越度」に処す（処罰する）と脅し牽制している。

現代も先に記した戦国時代と同様なことを見聞きする。企業や役所で職務怠慢や業務上失敗すると、懲戒処分として戒告を受け減給となり、時には仕事がむいていないとして転職を勧められ、ひどい時にはリストラ（解雇）となる場合もある。戦国時代も現代同様職務怠慢や業務上の失敗はきびしい目で見られ、咎めを受ける点は同じであったと言えよう。

反対に、現代では業務上成功し業績をあげると、役職があがり、給料の面でも昇給する。サラリーマンや公務員は働いたことの対価として毎月現金の金融機関振込ないし現金で支給される。

戦国時代の場合はどうだったのであろうか。ここでは、戦国時代功績をあげた場合の褒美や恩賞について、宇都宮氏の事例を採り上げる。同氏の家臣の場合、豊臣政権期になるが、土豪の河内郡関沢村（宇都宮市関堀町の北部一帯）にいた関沢弥八郎と常陸国笠間郡片庭村（茨城県笠間市片庭一帯）にいた片庭清三郎が、主君宇都宮国綱から天正二十年（一五九二）二月六日付けで先年（戦国時代末期）の鹿沼の地における戦功を賞せられ、上三川・中三河の地（上三川町上三川外一帯）で十五貫文を給与されている（宇都宮国綱宛行状写「水府志料」茨城郡中巻之二、宇都宮国綱宛行状「関沢賢家文書」）。このことからは、戦国時代には功績に応じて銭貨を給与されていた可能性が考えられる。しかし、戦国時代こうした事例は稀である。例示すると、宇都宮氏の譜代重臣益子氏の一族で芳賀郡赤羽城（市貝町赤羽）の赤埴修理亮は、主君宇都宮広綱から永禄五年（一五六二）六月四日付けで壬生綱雄を生害に追い込んだ時に、壬生氏重臣神山伊勢守を宇都宮氏側に内応させた功を賞せられ、奈良部郷（鹿沼市上奈良部町・下奈良部町・日光奈良部町・みなみ町一帯）を宛行われている（宇都宮広綱宛行状写「古文状」六）。また、宇都宮氏の一族塩谷氏の流れをくむ塩谷某は、主君宇都宮広綱から元亀四年（一五七三）二月二十七日付けで鹿沼城（鹿沼市今宮町・西鹿沼町）の壬生氏攻撃を賞され「宮内太輔」の官途名（官職名）を与えられている（宇都宮広綱官途状「塩谷文書」）。さらに宇都宮氏の家臣団の場合、宇都宮氏の勢力圏内に住む郷村や町場のリーダー的な存在で宇都宮氏の家臣になっていた土豪も宇都宮氏の一族や譜代重臣と同じように功績をあげた時、主君である宇都宮氏当主から所領や官途・受領名（国司名）を与えられている。この点については、前記した片庭氏や関沢氏の場合を例示する。片庭清三郎は、主君宇都宮国綱から天正十四年（一五八六）卯月二十二日付けで鹿沼の地に忍び入り鹿沼城下を焼き払った功を賞せられ、「一騎之跡」の地（結城氏の分国法「結城氏新法度」六十六条によれば、具足・被物で身を固めた一騎馬上の騎馬武者の所領、年貢額にすると十貫文から十五貫文未満程度の土地）を宛行われている（宇都宮国綱宛行状写「水府志料」二）。また、関沢弥八郎は、主君宇都宮国綱から天正十四年卯月三日付けで壬生氏の支城羽生田城（壬生町羽生田）一帯での戦功を賞せられ官途付与を約束されている（宇都宮国綱官途状写「関沢賢家文書」）。

　このように、戦国時代の場合、主君からの褒美や恩賞は銭貨や物品であった場合も考えられるが、現代との違いは所領や官途・受領名を与えられたことが指摘できる。所領は武士にとっては一所懸命（いっしょけんめい）の地であるから説明を要しないであろう。官途・受領名は宇都宮氏の家臣団内において自分が仮名（けみょう）（弥八郎や清三郎などの通称）だけを名乗っていた時より序列を上げることができ、土豪クラスの家臣の場合、「〜守」という受領名や「〜助」などの官途名を名乗ることで農民や町場にいた人たちに対する優位性をはっきりと示しことができ、同時に彼らに官途・受領名を名乗る家ということで威圧を加えることができた。ともかく、このような背景があったため戦国時代と現代では論功行賞に違いがあったと言えよう。

戦国時代、褒美（ほうび）や恩賞は、前記したように現代と違い主君から家臣たちへの所領宛行状（あてがいじょう）や官途・受領状の発給という形で行われることが多かった。これらの文書は、現在も子孫に拝領した由来が語り伝えられ、子孫の家では家宝として大切に所蔵されていることが多い。このことは、現代も戦国時代同様功績があった場合、その個人や組織には、その業績に応じて厚遇しなければならないことを物語っていよう。

C. 納税

「日本国憲法」第三〇条

【納税の義務】

国民は、法律の定めるところにより、納税の義務を負（お）ふ。

戦国時代、戦国大名や国衆の所領は、戦国大名・国衆の直轄領、大名・国衆から所領を与えられていた一族・家臣領、寺社領などからなっていた。大名・国衆、彼らの一族・家臣、配下の寺社はどのように税を徴収していたのであろうか。下野国内諸氏の史料を提示する。

【史料17】宇都宮広綱借用状写（「秋田藩家蔵文書」五二）

この度御用に付いて鳥目五千疋御借用し候。来る秋瓦屋郷の御土貢を以って御返弁あるべく候。御借銭相澄〔済〕み候上は、彼の郷中料所として預け置くべく候。御年貢の事、七拾貫文毎年無沙汰なく進納致すべく候状、件の如し。

弐月廿六日　　（宇都宮広綱）（花押影）

平野大膳亮（貞正）殿

【史料18】「今宮祭祀録」享徳二年条（西導寺所蔵）

（享徳）同　二　壬　宇都宮頭　下阿久津郷　大長井八郎

　　　　　申　氏家頭　舟生郷　神長土佐守

【史料19】宇都宮広綱壁書（「小宅定一郎家文書」）

「広綱」（後筆）

（宇都宮広綱）
（花押）
壁書

小宅郷不作に付いて、侘言申し上げ候。余儀なく思し召し候。しかる上は頭かたの義、半役に申すべき状、件の如し。

八月九日

【史料20】永山忠好書状（「佐八文書」）

恒例の如く（宇都宮）忠綱の所へ種々御音物、則ち披露せしめ候いき。事の外大慶の由申され候いき。（中略）しかして栗嶋の土貢、当年は鎮守の神役に相当し候いつるの間、百性等の侘言余義なしと雖も、毎年の如く七貫文取り納め候。委細宗次郎方申し述べらるべく候。

恐々謹言。

（永正十七年）
十月廿日　（永山忠好）（花押）

謹上　佐八美濃守殿

御報

【史料21】長尾当長宛行状（「県文書」）

葉刈郷給分の内進らし置き候下地、百姓等土貢難渋に至らば、自今以後に於いて、其方のままたるべく候。そのため一筆。恐々謹言。

天文廿四年

六月晦日

県左京亮（忠親）殿

但馬守（長尾）

当長（花押）

【史料22】佐野昌綱書状（「小野寺文書」）

寺岡の百姓等の土貢・公事、前代に相替らず、無沙汰之あるべからず候。もしこの上に於いてもいよいよ百姓等難渋せしめ候わば、田地を取り離たれ、別人に預けらるべき義、相違あるべからず候。ただし前代よりこの地の者抱え来たり候間、向後に於いてもその分たるべき条、申し定め候。なお百姓等の仕置大貫に申し付け候。彼等の旨趣、具に岡崎与三左衛門尉に申し含め候。恐々謹言。

永禄三年庚申

八月二日

佐野

昌綱（花押）

小野寺中務太輔（景綱）殿

史料17は、宇都宮広綱が永禄五年（一五六二）から同七年頃の二月二十六日付けで家臣の平野大膳亮に宛てた借用状の写である。広綱は平野大膳亮に借銭したこと、及び来る秋瓦屋郷（宇都宮市瓦谷町一帯）の年貢で返済する旨を述べている。更に、借銭返済後は平野大膳亮に「料所」（宇都宮氏の直轄領）瓦屋郷を預け置くので毎年年貢を七十貫文宇都宮氏に進納するようにとも記している。史料17からは、瓦屋郷が宇都宮氏の「料所」で、郷の人々は宇都宮氏に毎年年貢七十貫文を進納していたと捉えられる。

史料18は、今宮明神の祭礼に関する古記録の抜粋である。享徳二年（一四五三）に宇都宮氏家臣大長井八郎の給地である氏家郡下阿久津郷（高根沢町宝積寺一帯）が、宇都宮氏から賦課された宇都宮明神の頭役を、頭人大長井八郎を通じて務めたことがわかる。

史料19は、宇都宮広綱が芳賀郡小宅郷（益子町小宅一帯）の人々に不作の侘言申請を受け宇都宮明神の「頭かた」役（九月九日の祭礼の際の大頭役）を半分に減らす旨伝えたものである。小宅郷は、郷名より宇都宮氏宿老中の芳賀氏の一族で、宇都宮氏に家臣化していた小宅氏の宇都宮氏からの給地と思われる。史料19からは、宇都宮氏の家臣領でも「頭かた」役を賦課され、務めなければならなかったことがわかる。

史料20は、宇都宮忠綱の側近の重臣永山忠好が永正十七年（一五二〇）十月二十日付けで伊勢内宮御師佐八美濃守に宛てた書状である。永山忠好は、この書状の中で、宇都宮領内の伊勢神宮の神領栗嶋郷（高根沢町栗ケ島・芳賀町八ツ木一帯）の「百性等」が、当年氏家郡鎮守今宮明神の神役がめぐってきたとして減免を求めてきたが、毎年のように徴収し進納したと記している。史料20からは、栗嶋郷の人々が伊勢神宮に土貢（年貢）を納めていたことが推測される。

史料21は、長尾当長が天文二十四年（一五五五）六月晦日付けで同心衆の県左京亮に宛てた宛行状である。この文書の中で、当長は葉刈郷（足利市羽刈町一帯）内の給地の百姓等が土貢難渋（年貢未進）したならば、県左京亮の裁量で処置してよいと述べている。葉刈郷の百姓等が土貢を進納した相手先は判然としない。しかし、長尾当長が県左京亮に難渋百姓等の仕置を任せていることを考えると、県左京亮のように思われる。ともかく、史料21からは、葉刈郷の百姓等が土貢を長尾氏同心衆の県左京亮に納めていたことが推測される。

史料22は、佐野昌綱が永禄三年（一五六〇）八月二日付けで同心衆の小野寺中務太輔に送った書状である。この書状の中で、佐野昌綱は小野寺中務太輔に給地の寺岡郷（足利市寺岡町一帯）の百姓等が土貢・公事を「無沙汰」（未進）しており、今後も百姓等が「難渋」（未進）を続けたならば田地を取り上げ別人に預け置くことを約束し、百姓等の仕置は宿老の大貫氏に命じた旨報じている。寺岡郷の百姓等が年貢・公事を進納した相手先は判然としない。しかし、佐野昌綱が百姓等の仕置を宿老の大貫氏に命じていることを考えると、小野寺氏給地寺岡郷から佐野氏に納めていた年貢・公事のように思われる。この点は後考を俟ちたい。

以上、史料17から史料22によると、戦国時代国衆の直轄領、彼らの一族・家臣領、寺社領の郷村の人々は国衆に土貢を納め公事を務め、一族・家臣領や寺社領の郷村の人々は国衆の一族・家臣や支配下の寺社にも土貢を納め公事を務めていたことがわかる。現代では、国民や法人は等しく国税（所得税・相続税、法人税）や地方税（住民税・固定資産税、法人住民税・法人事業税）

を国や自治体に納めるが、戦国時代のように特定の一族・家臣領や寺社領のみに住む人々が課せられる税はない。

その他、納税額との関連で指摘できることがある。史料19では、宇都宮氏が小宅郷からの不作侘言を受けて「頭かた」役を半役にしている。また、史料21と史料22では、葉刈郷と寺岡郷の百姓が土貢等を納入せず領主側が困っていることがわかる。葉刈郷と寺岡郷の百姓が土貢進納を渋っている背景は史料的な制約ではっきりとしたことは不明である。ただ推測できることは、税額が高額であったためとか、戦乱で両郷とも兵士に掠奪され疲弊していたためとか、災害・飢饉・疫病などで疲弊していたためなどが考えられる。これらの点からは、現代も戦国時代に学び、国や自治体は納税者の置かれている状況に応じて彼らに納税額を提示する必要性があるということである。

ところで、国衆、彼らの一族・家臣、配下の寺社は郷村の人々からどのように税を徴収していたのであろうか。佐野氏の場合を見てみる。

【史料23】大庵寺々領目録（「大庵寺文書」）

角打郷

大河掃部助分之内

田一段半　七百　作人小松原豊後守

田一段　四百五十　作人堀源左衛門尉
田半　二百廿　作人吉田藤へもん
田一段半　七百　同人
地蔵之前
田一段　六百　須藤下人
四郎兵衛
田半　百五十　大河下人
彦右衛門尉
田畠三切　八十　新藤孫右衛門尉
田二段　一貫三百　大河掃部助
（中略）
畠一段　二百　須藤下人
中宿左衛門五郎
合拾弐貫五百六十八文
（中略）
元亀弐年辛未
八月六日　（佐野）昌綱（花押）
大庵寺江

史料23は、佐野昌綱が元亀二年（一五七一）八月六日付けで佐野領内の大庵寺（佐野市犬伏下町）に宛てた寺領目録である。掲出した史料部分は、佐野氏家臣大河掃部助が、角打郷（佐野市犬伏下町・犬伏新町一帯）内で、苗字を名乗る侍身分の上層農民の小松原豊後守・堀源左衛門尉や、苗字を名乗らない四郎兵衛・彦右衛門尉といった下人などの階層から年貢を一括徴収し、大庵寺に納入する田畠の面積と貫高（年貢高）を書き上げたものである。この史料からは、大河掃部助が、角打郷大河掃部助分の大庵寺への郷請の責任者で、大庵寺に合計十二貫五百六十八文を納入することになったことがわかる。

現代は、個人や法人が国や自治体に税を納めているが、戦国時代は郷村が一括して郷村の納税責任者により納められていたことがわかる。敢えて現代に当てはめれば、戦国時代の納税は、現代の法人が国や自治体に納める法人税や法人住民税・法人事業税と似ており、会社が社員たちの働いた分を代表して一括納税しているのと同じと言えよう。

なお、戦国時代郷請が納税の基本であったことは、下総結城氏の分国法「結城氏新法度」第一〇二条に「秋の年貢は、（中略）郷中へ申し付けらるべく候」と記載されていることからも指摘できる。

おわりに

以上、本章では、下野を中心とした戦国時代の史料を通して、日本国憲法の三原則及び三大義務について、戦国時代の社会と現代社会との比較から異同及び現代に通じるものなどを考察した。結果として戦国時代固有の歴史的な特質があったことを述べるとともに、戦国時代の歴史的な特質で現代に通じるものもあったことを指摘した。特に後者については、以下のことを述べた。

①主権の項では、政治家や為政者の動向を見極めることや社会問題を自分の問題として考えるようにすること、及び選挙などで政治に参加することの重要性。
②人権の項では、人権侵害や戦争を許さず、一人の人間が生きてきて良かったと思えるような社会をつくることの重要性。
③戦争の項では、戦争の惨禍にあわないよう、戦争をおこさないことの重要性。
④教育の項では、教授科目について時が流れても変わらず教えていくべき科目と、時の流れに応じて新設し教えていくべき科目があること。
⑤勤労の項では、個人や組織の業績に応じて厚遇することが大切なこと。
⑥納税の項では、国や自治体は納税者の置かれている状況に応じて税額を納税者に示すことが大切なこと。

　こうした指摘について、戦国時代と現代では社会的な状況が異なり、歴史は一見して繰り返しているように見えて、戦国時代と現代で起こっている事象は異なり、戦国時代から安直に学ぶことに否定的な意見もあろう。しかし、「人の振り見て我が振り直せ」とか「他山の石」という言葉もある。私としては、「歴史から学ぶ」考えに意義を見出したいと思っている。
　今後は、戦国時代と限らず、自分が研究してきた中世や近世初期も含め、様々なジャンルの歴史的事実から現代に活(い)かせ課題解決にヒントを与えてくれるような事項を見出していきたい。

〔付記1〕

　本章では、便宜戦国時代の権力者で、一郡から数郡を支配していた領域権力を国衆(くにしゅう)と呼び、一国以上の領域を支配していた権力者を戦国大名と呼ぶことにする。具体的には、筆者の考える国衆が那須・宇都宮・小山・佐野・結城氏などで、戦国大名が越後上杉・甲斐武田・相模北条氏などである。なお、国衆の場合、那須・宇都宮・結城氏のように独立した権力体で存続していたものと、小山氏のように、戦国大名の従属下に入っていたものがいた。

〔付記2〕

　本章では、戦国時代の戦争の様相を、下野を中心とした文献史料から紹介してきた。絵画史料としては大阪城天守閣所蔵「大坂夏の陣屏風」(重要文化財)があり、慶長二十年

（一六一五）五月七日の徳川軍による大坂城総攻めと、それに伴う戦災の様相がありのままに描かれている。取り分け、左隻(させき)には、戦国の世で繰り返し行われてきた数知れぬ戦争の集大成と言っても過言ではない光景が描かれている。そこには、戦闘員同士の殺し合いや功名争い、非戦闘員への殺傷・掠奪(りゃくだつ)、婦女暴行、人さらい、非戦闘員の戦災避難、家族の死傷、家屋家財喪失などが生々しく描かれており、死の恐怖、苦しみ・痛み・悲しみ・怒りなどの渦巻くこの世の地獄絵が描写されている。渡辺武氏は、この屏風の各部分を丹念に紹介した著書『戦国のゲルニカ――「大坂夏の陣図屏風」読み解き』（新日本出版社、二〇一五年）の「おわりに」で、「反戦平和を守り育てていくこと」の重要性を指摘している。

第九章　戦国・近世初期の前・元当主と現当主との関係
―下野の那須・大関・小山氏を通して―

はじめに

本章は、戦国・近世初期の武家権力の前当主（ぜんとうしゅ）と現当主との関係ないし元当主と現当主との関係について、前当主や元当主の視点から考察することを目的とする。素材としては、比較的史料の残存状況の良い下野東部から北部の那須氏と重臣大関氏、及び下野南部の小山氏の事例を通して見ていく。

この時期の武家権力の家では、基本的には現当主が家長（かちょう）として存在したが、状況によっては前当主ないし元当主も存在し実権を掌握していた事例や、権限を分かち合い領国（りょうごく）（支配領域）の統治や軍事・外交活動を行っていたことが先学により紹介されている（黒田基樹『北条氏政』、ミネルヴァ書房。同『戦国大名・北条氏直』、株式会社KADOKAWA）。

ここでは、下野の武家権力の家の事例を紹介し、「おわりに」の所で戦国・近世初期の武家権力の家の家督の交替と、現代企業の経営陣の交替について私見を述べてみたい。

一　那須氏の事例

第一節では下野の東部から北部を勢力圏とした那須氏を扱う。

A．前当主那須資胤と現当主那須資晴との関係

那須氏内では降っても残されている古文書から推測すると、天正九年（一五八一）段階に那須資胤から子の資晴に代替わり、家督（当主の地位）が継承されたと思われる（竹井英文「天正一〇年前後の下野国の政治情勢に関する一考察—那須資晴の動向を中心に—」、『千葉史学』八一号）。家督継承時の資胤の年齢は不明であるが、資晴は二十五、六歳である。なお、資胤が子の資晴に家督を譲った理由については、天正八年に年次比定できる十二月七日付けで北下総結城晴朝が那須資胤に宛てた書状（「瀧田文書」）の中に、資胤が常陸佐竹義重の出陣要請にもかかわらず「御朦気」（病気）で出陣しなかったことが記されていることより指摘できる。資胤に健康上の問題があった可能性が推測される。

ここでは、家督の交替、代替わり後の前当主那須資胤と現当主那須資晴との関係がうかがえる史料を提示する（以下、史料は読み下し文で提示）。

【史料1】　佐竹義重起請文（「金剛寿院文書」）

起請文

右意趣は、度々証文をもって申し合わせ候と雖も、猶もって向後に於いてもこの地に於いて世上浮沈とも（那須）資晴御父子へ無二に申し合せ候事。付、互いに蜜事他言あるべからず候。ならびに佞人の取成候わば、則ち糺明申すべき事。

（神文略）

仍って件の如し。

天正十年六月二十四日　（佐竹）義重（血判花押）

烏山南

那須殿

蘆錐（那須資胤）の花押

史料1は、常陸の佐竹義重が天正十年（一五八二）六月二十四日付けで「烏山南」と「那須殿」に宛てた起請文（誓約書）である。この起請文で注目すべき文言は、佐竹義重が「資胤御父子」ではなく「資晴御父子」と記述していることである。この記述からは、「烏山南」が隠居者で前当主の那須資胤に、「那須殿」が新当主那須資晴にそれぞれ人物比定できる。佐竹義重は、那須氏内で資胤から子の資晴に家督継承（代替わり）が行われても、新当主資晴だけでなく、前当主（隠居）で那須氏の実質的な権力者資胤にも配慮した記載をしたと言えよう。

資胤は、家督継承を意識し、家督を資晴に譲る少し前ないし家督継承時か不明であるが出家し法名蘆錐を名乗り、近隣の武家権力からは「烏山南」「那須南」と呼ばれていた。因みに、「烏山南」の呼称からは、隠居後の資胤が、那須氏の本拠烏山城（那須烏山市城山）のある尾根の南端筑紫山ないし同城の南西近隣にある神長要害（那須烏山市神長）などに居を移したことに因む呼称と考えられる。

まず、資胤が隠居名蘆錐を名乗っていた事例を提示する。資胤は、隠居名蘆錐の名で天正十年に年次比定できる正月十三日付けで北下総結城晴朝の重臣多賀谷政広に書状（蘆錐那須資胤書状「橋本隆次郎氏所蔵文書」）を送り、子の資晴への家督相続が成就し歓喜している旨報じ、祝儀として緞子一巻を送ると述べている。また、蘆錐は天正十年ないし翌年に年次比定できる正月五日付けで那須氏の重臣で上那須衆の黒羽城（大田原市前田）の城主大関清増に書状（蘆錐那須資胤書状「大関家文書」）を送り、清増の「思案・諷諫」に感謝している旨報じている。

次に、資胤が隠居後近隣の武家権力から「烏山南」ないし「那須南」と呼ばれていた事例を提示する。資胤は、天正十年五月二十六日付けで孝山（小山秀綱の法名）から「烏山南」の宛所で書状（孝山小山秀綱書状案「立石知満氏所蔵文書」）を送られ、小山氏が北条氏に奪われていた祇園城（小山城とも、小山市中央町・城山町・本郷町）を、北条氏から織田信長の重臣で「東国の儀申次」や「関東八州の御警固」を申し付けられていた滝川一益経由で返付されることになった旨報じられている。また、資胤は、天正十年正月十八日付けで結城晴朝から「那須南」の宛所で書状（結城晴朝書状「立石知満氏所蔵文書」）を送られ、佐竹義重の媒介で資胤から資晴への家督相続が成就したことに喜んでいる旨報じられ、資胤が祝儀として太刀・馬・青銅（銭）を贈ったことに対し礼言を述べられている。さらに、資胤は、天正十年三月十三日付けで結城晴朝から「那須南」の宛所で書状（結城晴朝書状「立石知満氏所蔵文書」）を送られ、信州での織田信長軍の軍事行動を承知しているかを問われ、上州での北条氏邦の動きなどが報じられている。

このように、資胤は子の資晴が青年期に達しているにもかかわらず、隠居し家督を子の資晴に譲った後も近隣の武家権力や配下の上那須衆と文書をやり取りし、那須氏内では一定程度の権限を保持していたと思われる。とりわけ、資胤が重臣大関清増に「思案・諷諌」を賞賛していると述べていた背景には、那須氏の実質的な権限掌握者であると同時に、子資晴の後見人である父資胤の姿を垣間見ることができよう。

なお、資胤は、那須氏関係の諸系図や過去帳によれば天正十一年（一五八三）二月十一日に死去したという。

B．前当主那須資晴と現当主那須資景との関係

那須資晴は、天正後期から末期にかけて宇都宮氏や配下の川崎塩谷氏と塩谷領の帰属をめ

ぐって争い、宇都宮氏や川崎塩谷氏が豊臣秀吉の停戦令に従ったのに対し、相模の北条氏や奥羽の伊達政宗と結び応じなかった。天正十八年（一五九〇）三月一日、豊臣秀吉は北条氏を攻略すべく京都を出陣し小田原合戦が始まる。秀吉は、四月初旬には北条氏の本拠小田原城（神奈川県小田原市）を攻囲するに至り大勢が決する。資晴は、五月中旬秀吉から彼の下に参陣するよう求められる。しかし家中内では意見が分かれ、資晴が病気と称し参陣しなかったのに対し、那須氏配下の大関・大田原・福原・伊王野・蘆野・千本氏などは秀吉の下に赴いた。小田原合戦後、資晴は秀吉の宇都宮仕置で所領を没収され、上那須地域の佐良土城（大田原市佐良土）に蟄居を余儀なくされたのに対し、秀吉の所に参陣した大関・大田原氏などは豊臣体制下で生き延びていく。

なお、資晴の本拠烏山城は八月初旬に豊臣政権により接収される。ところが、天正十八年の後半になると、那須氏をめぐる状況が変化し、那須氏は復活を許される。この年の十月に陸奥の大崎領や葛西領で一揆が起こり、奥羽の全域に波及する勢いを見せる。那須氏自身や大田原氏など那須衆は那須氏の復権運動をしていたが、那須八溝地域を奥羽への最前線基地と考えた豊臣政権は、対奥羽の一揆対策の一環として、戦国期に大関・大田原氏などを束ねていた那須衆の盟主那須氏を復活させ、那須氏の下に那須衆を結束させ奥羽の一揆鎮圧に向かわせようとした。那須氏と大関・大田原氏などの那須衆は、多賀谷・宇都宮氏などと共に、徳川家康に従い、天正十八年十一月下旬に一揆を鎮圧するために奥羽の地に進発していったという（『武徳編年集成』上巻）。

ここでは、那須氏が秀吉により復活を許可され、所領を宛行われた時の文書を提示する。

【史料2】　**豊臣秀吉朱印状**（「那須文書」）

下野国那須の内に於いて、合わせて五千石の事、目録別紙を相添え、之を扶助せしめ訖んぬ。全く領知すべく候なり。

天正十八

十月廿二日◯（朱印、印文未詳、糸印）

那須藤王（資景）とのへ

【史料3】　**豊臣秀吉朱印状**（「那須文書」）

下野国那須庄内に於いて、合わせて五千石の事、目録別紙之有り。加増として之を扶助せしめ訖んぬ。全く領知すべく候なり。

天正十九

四月廿三日◯（朱印、印文未詳、糸印）

那須与一郎（資景）とのへ

那須資晴の花押

史料2と史料3からは、那須氏は秀吉によりまず天正十八年十月に那須領内で五千石を与えられ、次に翌天正十九年四月に那須庄（那須領）内で五千石を加増されたことがわかる。なお、史料2と史料3に記されている目録別紙（豊臣秀吉知行方目録「那須文書」）によると、秀吉から那須氏に与えられた村々は烏山城のある下那須地域ではなく、那須氏の故地である上那須地域の村々であった。ともかく、那須氏は秀吉により上那須地域の村々一万石を与えられて復活（再興）を許され、豊臣大名としての道を歩み始めたと言えよう。

問題は、那須氏が秀吉から朱印状を拝領した時の那須氏の当主である。朱印状の宛所は、史料2が「那須藤王とのへ」で、史料3が「那須与一郎とのへ」である。那須氏が秀吉によって復活を許された時の那須氏当主は、資晴ではなく、子の資景（幼名藤王〈藤王丸とも〉、仮名与一郎〈与一とも〉）であったことがわかる。秀吉としては、資晴は一旦改易に処した者であり、資晴が秀吉のために余程の功績を示さなければ、信用できなかったのではあるまいか。

天正十八年段階の資景は四歳ないし五歳で、資晴は三十四、五歳である。資晴は、隠居を余儀なくされ、この後「大屋形様」（神宮文庫所蔵「下野国檀那之事」）と呼ばれるが、那須氏の存続・発展のために福原城（大田原市福原）を拠点とした幼き当主で子の資景を後見していくことになる。豊臣政権期の資晴は、文禄期までは資景の権限代行者として秀吉に贈答儀礼を行い、文禄の役では朝鮮に渡海し、帰国後は肥前名護屋城（佐賀県唐津市・同県玄界町）近くに陣所を構えた。慶長期になると、資景が成長したため、資晴は資景の後見役として資景の在京に同行するなどしたが、豊臣政権との関係では公的に登場しなくなる（拙稿「豊臣・徳川初期の那須資晴」）。

関ケ原合戦前の那須氏は、当主資景と「大屋形様」資晴とでそれぞれ五千石ずつ分け合い所領支配していた。資晴・資景父子は、慶長五年（一六〇〇）の関ケ原合戦の前哨戦となった徳川家康の会津上杉景勝攻めでは、徳川方に味方する。那須氏は関ケ原合戦後に加増される。資晴は、慶長七年には家康に召されて御咄衆になったという。資晴は、この後、御咄衆としての功績と慶長五年の上杉景勝に対する対応を認められ、慶長七年には芳賀郡の芳志土・下高根沢両村（両村とも芳賀町）などで千石加増される。資晴は、慶長九年には従五位下、大膳大夫に叙任され、同年のうちに修理権大夫（修理大夫とも）に任ぜられる（拙稿「豊臣・徳川初期の那須資晴」）。

晩年の資晴は、戦国時代の那須氏の本拠烏山城に帰城したいと思うようになる。資晴は、慶長八年卯月二十八日付けで故郷烏山の宮原八幡宮（那須烏山市宮原）に烏山城への帰城を願う願文（那須資晴願文「那須文書」）を捧げる。しかし、烏山城に戻る願いは実現されることなく、資晴は慶長十五年（一六一〇）六月十九日に死去する。

二　大関氏の事例

第二節では下野の東部にいた那須氏の重臣大関氏を扱う。大関氏については先学新井敦史氏の研究成果がある（後掲新井氏参考文献参照）。本節では同氏の成果に依拠しながら記述する。

A．前当主大関高増と現当主大関清増との関係

大関氏内では天正六年（一五七八）十二月大関高増から子の清増に家督（当主の地位）が継承される。高増が清増に家督を継承した理由は不明である。家督継承時の高増は五十二歳で、清増は十四歳である。

ここでは、家督の交替、代替り直後に高増が伊勢内宮御師佐八氏に宛てた史料を提示する。

【史料4】　安碩斎道松（大関高増）書状（「佐八文書」）

毎年の如く御祈念あり。御祓并に料紙・墨指し越され候いき。頂戴一段目出度存ぜしめ候いき。愚の事は閑居し候いき。子に候弥十郎（清増）武運長久の御祈念憑み入り候。（中略）万吉重々恐々謹言。

安碩斎
道松（花押）

（天正六年）極月十九日

佐八殿
御報

【史料5】沙弥(しゃみ)道松（大関高増）書状（「佐八文書」）

毎年の如く御精誠を抽(ぬき)んぜられ御祈念あり。御代官として御祓指し越され候いき。頂戴し奉(たてまつ)り候いき。（中略）某(それがし)は（天正六年）旧冬閑居せしめ候いき。弥十郎（清増）の処より御最花(おんはつほ)、先例の如く五十疋(ぴき)進納し奉り候。なおもって御祈念信じ奉る迄(まで)に候。（中略）恐々謹言。

（異筆）「天正七己卯年」

正月廿一日　　沙弥道松（花押）

謹上　佐八掃部亮(かもんのすけ)殿

御報

大関美作守高増画像
（大田原市黒羽芭蕉の館所蔵）

史料4は、大関高増が天正六年（一五七八）極月(ごくげつ)十九日付けで伊勢内宮御師(ないくうおし)佐八氏に宛(あ)てた書状である。高増は佐八氏に「閑居」（隠居）したことを報じ、子で若年の弥十郎(やじゅうろう)清増への武運長久の祈念を依頼している。史料4からは、高増が「閑居」し安碩斎道松と称したことがわかる。

史料5は、沙弥道松こと大関高増が天正七年正月二十一日付けで伊勢内宮御師佐八掃部亮に宛てた書状である。高増は佐八掃部亮に旧冬すなわち天正六年冬に「閑居」（隠居）したことを報じ、新当主弥十郎清増の所から「御最花」を先例の通り五十疋（現在の金額で五万円くらい）進納すると述べ、更なる「御祈念」を期待していると記している。なお、この後清増は大関氏の当主として天正六年から同十年頃に比定できる卯月朔日、天正十一年正月二十二日、天正十二年黄鐘（陰暦十月の異称）十六日、天正十四年弥生十六日、天正十五年正月二十八日の日付で佐八氏に書状（「佐八文書」）を送り、青銅五十疋（初尾五十疋・最花五十疋）を送ると記している。更に、清増は、常陸佐竹義重から天正十一年（一五八三）五月十日付けで「其方抜きんで、表裏無く、当方へ忠信到〔致〕さば、義重に於いても如在有るべからざる事」という起請文（佐竹義重起請文「大関家文書」）を送られ、対外的にも大関氏の当主として振る舞う。

ところで、高増は子の清増に家督（当主の地位）を譲った後、完全に隠居してしまったのであろうか。この点を考える上で参考となる史料を提示する。

【史料6】安碩斎道松（大関高増）書状（「阿久津健蔵氏所蔵文書」）

岡下侘言の旨、先途御拵、某親子に於いても深々御志たるべく候。佐久山に於いて菟角申し候とも、押して御意見偏に頼み入り候。（中略）恐々謹言。

安碩斎

菊月五日　道松（花押）

一叶斎
これを進らし候。

【史料7】那須資晴書状（「瀬谷文書」）

この度川崎表調儀の事、塩谷阿波守方侘言候いつるの間、談合のため、太田原三河守指し越し候いつるの処、委細に返答。然れば各へ触状相認め遣わし候いき。(中略)万吉々々、恐々謹言。

(追而書略)

（天正十三年カ）九月廿一日　（那須）資晴（花押）

（大関高増）未庵

史料6は、安碩斎道松こと大関高増が花押形から天正六・七年（一五七八・九）前後頃の菊月(陰暦九月の異称)五日付けで側近の家臣阿久津一叶斎に宛てた書状である。一叶斎が大関氏に対する「岡下」(宇都宮氏家臣で塩谷領松小屋城〈松ケ嶺城とも、上太田城とも、矢板市上太田〉の城主岡本正親)の「侘言」(陳情)を処理したことに対し、某親子(大関高増と子の清増)が感謝していることを報じ、「佐久山」(佐久山城＝御古屋敷館の冨久原資孝)から「菟角」(あれこれと)申してきても強硬に「御意見」をするよう高増から要請されている。この史料からは、安碩斎が完全に隠居したのではなく、大関氏内で実質的な権限を掌握していたことが推測される。

また、史料7は、烏山城の城主那須資晴が天正十三年（一五八五）九月二十一日付けで黒羽にいた那須氏の門閥有力重臣の未庵（大関高増の法名）に送った書状である。資晴は、宇都宮氏方の川崎塩谷氏への攻撃について那須氏方の大蔵ケ崎城（喜連川城とも、さくら市喜連川）の塩谷阿波守（孝信）が陳情してきたので、未庵と話し合うために直臣太田原三河守を派遣したところ、委細に了承する旨返答してくれたと述べ、このことを踏まえ、那須衆の各々に軍勢催促の触状を書いて遣わしたと記している。史料7からは、那須氏当主が門閥の有力な重臣未庵（大関高増）の下に使者を派遣し意見を聞き政策を決定していたことがわかり、高増が隠居後も大関氏の実権を掌握していたことを推測させる。

ところが、清増は天正十五年（一五八七）七月二十五日、二十三歳の若さで早世してしまう。早世した清増の跡目は高増の子で清増の兄晴増が継承する。

B. 元当主大関高増と現当主大関晴増との関係

晴増は、高増の長子である。初め大関氏と南奥白川氏との約定により南奥白川義親の婿養子となり白川氏に入ったが、後に白川氏を去り常陸佐竹義重の客分になっていたという（大関氏関係諸系図等）。

前記したように、晴増は、弟清増が天正十五年七月二十五日に死去したことに伴い、大関氏の家督（当主の地位）を継承する。天正十五年段階の晴増の年齢は二十八歳である。因みに、父高増は六十一歳である。

晴増は、天正十六年（一五八八）ないし同十七年頃の二月十一日付けで那須郡余瀬（大田原市余瀬）の大関氏配下の修験光明寺（津田源弘）に対し、「境目出入の所」について「裁許」（裁定）を行っていることより（大関晴増直書写「創垂可継所収多治比系伝」巻八）、晴増が大関氏の当主として領内の支配権や裁判権を掌握していたことがわかる。

晴増が大関氏の当主なった時期は、対外的には全国政権樹立への道を歩んでいた豊臣秀吉が、「惣無事」政策（領主間の抗争を豊臣政権の裁定で和睦に導く政策）に基づいて、本格的に関東や奥羽に進出してきていた時期であった。こうした秀吉の政策は、東国の北条氏対反北条氏領主連合という対立関係に影響を及ぼす。

大関氏の主君那須資晴は、天正後期から末期にかけて塩谷領の帰属をめぐって宇都宮・川崎塩谷氏と争っていた関係で最終的には北条氏に与していく。一方、大関晴増は、秀吉と結びついている宇都宮国綱と連絡を取り合い（石田三成書状「小田部好伸家文書」）、秀吉から宇都宮・那須氏間の「矢留」について仰せ含められる（豊臣秀吉直書写「創垂可継所収多治比系伝」巻四、石田三成・増田長盛連署副状写「創垂可継所収多治比系伝」巻四）など、那須資晴とは一線を画した行動をとった。結局、小田原合戦に際して、那須資晴が秀吉から彼の下に参陣するよう求められたにもかかわらず、病気と称して参陣しなかったのに対し、大関晴増は小田原遠征途中の秀吉に書状を送り、秀吉から天正十八年（一五九〇）卯月朔日付けで「書状駿州三枚橋（静岡県沼津市の三枚橋城）に於いて披見。北条誅罰のため、去んぬる月朔日出馬せしめ、同二十四日着陣。（中略）小田原表の行急度申し付けるべく候。是又早速相果たすべく候。その節出仕尤に候。」（括弧内は筆者の注記）と報じられている（豊臣秀吉朱印状写「創垂可継所収多治比系伝」巻四）。また、晴増は、大田原・冨久原・伊王野・蘆野氏などの那須衆と共に秀吉の下に参陣した。因みに、この時高増は、那須資晴に秀吉の下に参陣するよう勧めたが聞き入れられず、子の晴増などと共に秀吉の下に参陣したという。結果的に、那須資晴が小田原合戦後の宇都宮仕置で秀吉から所領を没収され一旦改易に処せられたのに対し、参陣した大関晴増などの那須衆は秀吉に拝謁することを許され、本領安堵の約束をとりつけ、宇都宮仕置で正式に本領安堵されていく。

ところで、高増は子の晴増が大関氏の当主の地位に就任して以降、完全に隠居してしまったのであろうか。前記したように、高増が小田原合戦の最中に子の晴増と共に秀吉の下に参陣したことを考えると、完全に隠居してしまったとは言い難いと言えよう。ここでは、天正末期の高増について興味深い史料があるので提示する。

【史料8】佐竹東義久書状写（「楓軒文書纂」所収「合編白河石川文書」）

近日弥七郎（大関晴増）殿御下着の由承り届き候いき。（中略）越国までは慥かに御下りの由に候。当方（佐竹氏）への書札共も殿下様（豊臣秀吉）よりも弥七郎殿をもって指し下さるの由、天徳寺御申し越し候いき。御不審有るべからず候。定めて近々たるべく候。然れば、塩谷の儀、以前紙面の仰せ一儀に於いては、兼ねて始中終申し尽くし候いき。（中略）恐々謹言。

（天正十七年）十一月十五日　　（佐竹東）義久判

（大関高増）未庵

史料8は、常陸佐竹氏一族の佐竹東義久が天正十七年（一五八九）十一月十五日付けで未庵こと大関高増に送った書状である。義久は、未庵に、近日未庵の子晴増が国許に到着すると聞いていることを伝え、佐竹氏に「殿下様」（豊臣秀吉）から文書が晴増経由で下されると秀吉の下にいる天徳寺宝衍が連絡してきたと報じている。また、義久は未庵に塩谷領問題については兼ねてから余さず述べてきたとも報じている。この史料からは、晴増が大関氏当主であった天正末期、高増が大関氏内の実権掌握者として、常陸佐竹氏一族の佐竹東義久から書状を送られていたことがわかる。因みに、未庵は、同年十一月二十五日付けでも佐竹東義久から書状（佐竹東義久書状写「合編白河石川文書」）を送られている。

こうした高増と晴増との関係は、秀吉が天下を制覇して以降変化したのであろうか。それとも変化しなかったのであろうか。まず豊臣政権期の晴増の動きを見ていく。江戸時代後期文化十四年（一八一七）頃黒羽藩大関家の藩政の基本方針を定めるために編纂されたものに「創垂可継」という名の全七十一巻二十冊からなる書籍（大田原市黒羽芭蕉の館所蔵「大関家文書」

所収）がある。このなかに大関氏の家譜を記した「多治比系伝」が収められている。「多治比系伝」巻四「晴増之伝」によれば、晴増は天正十八年十一月奥羽の一揆を鎮圧するために徳川家康の重臣榊原康政に従い出陣していったという。また、秀吉の第一次朝鮮出兵である文禄の役では、晴増は肥前国名護屋の地（佐賀県唐津市・同県玄界町）にあって味方の後詰をしたという。晴増が文禄の役に際し出陣していったことは、天正二十年（一五九二）ないし文禄二年（一五九三）に年次比定できる二月二十八日付けで観音寺（矢板市沢）に書状（大関晴増書状写「創垂可継所収多治比系伝」巻八）を送り、「高麗筋の儀、相替わる儀之なく候。（中略）留守中　御祈念の儀、無二無三頼み奉る外代意なく候。」と書き送っていることより窺える。

このように晴増は豊臣政権期に秀吉から課せられる軍役をつとめていたことがわかる。

ここでは豊臣政権期の父高増の心情がうかがえる史料を提示する。

【史料9】沙弥道松（大関高増）書状（「佐八文書」）

（端裏書）「文禄三午年」

（追而書略）

毎例の如く　御祭庭（斎庭カ）に於いて御精誠を抽んじられ、千度の御祓太麻、殊に御音信として種々御意に懸けられ候いき。めでたく畏れ入り候。態とまで御初尾五十疋進納せしめ候。（中略）猶以って御祈念憑み奉り候。追って子共繁栄申し候。御祈念故に候。

目出重々申し達し候。恐々謹言。

（文禄三年）
霜月十七日　　　　　沙弥道松（花押）

謹上佐八七神主殿
御報

史料9は、沙弥道松こと大関高増が文禄三年（一五九四）霜月十七日付けで伊勢内宮御師佐八七神主に宛てた書状である。高増はこの書状で佐八七神主に御祓太麻の礼言を述べ、初尾（初穂）料を五十疋進納すると約束し、「子共繁栄」を佐八七神主の祈祷のお蔭と記している。この史料からは、豊臣政権期も高増が大関氏の事実上の実権を掌握していたことを推測させる。

この後、晴増は、文禄四年「病身」「多病」により弟資増に家督（当主の地位）を譲り隠居し、翌文禄五年五月八日に三十七歳で死去したという（「創垂可継所収多治比系伝」巻四所収「晴増之伝」等）。

C．元当主大関高増と現当主大関資増との関係

資増は、高増の三男で、病身の兄晴増に代わって晴増の嫡子（後の政増）が成長するまでの中継ぎとして大関氏の家督（当主の地位）を継承したという（「創垂可継所収多治比系伝」巻四所収「資増之伝」等）。資増が大関氏の家督を継承した文禄四年段階の年齢は二十歳で、父高増は

六十九歳である。

資増は、兄晴増が病身の身であったためであろうか、兄晴増から家督を継承する以前から兄に代って在京活動をしており、文禄三年五月二十一日付けで観音寺（矢板市沢）に宛てた書状（大関資増書状写「創垂可継所収多治比系伝」巻八）で「先日大坂へ罷り下り、重ねて上様（豊臣秀吉）へ御目見申し候いて、一両日以前に上京申し候いき。仕合万事に候。」と書き送り、文禄三年五月二十七日付けで伊勢内宮御師佐八七神主に書状（大関資増書状「佐八文書」）を送り、「上洛聞こし食され候いて」「何様在京中参宮の望み候間」と書き送っていることより、在京していたことがわかる。

ここでは、資増が大関氏の当主に就いていた時期、高増と資増との関係が窺える史料を提示する。

【史料10】道松（大関高増）宛行状（宇都宮大学附属図書館所蔵「益子家文書」）

おんち（恩地）六貫六百文の所、取次し相渡し候。そのため一筆かくの如く候。以上。

慶長三年

二月二十一日　　　　道松（大関高増）（花押）

四郎右衛門（益子忠家）殿

史料10は、道松こと大関高増が慶長三年（一五九八）二月二十一日付けで家臣の益子四郎右衛門（忠家）に宛てた宛行状である。この宛行状によれば、高増は益子忠家に恩地として六貫六百文の年貢が取得できる所領を、大関氏現当主資増の意向を取り次ぐ形で渡すと記している。ここからは、高増が子の資増の権力を補佐していたことがわかる。

高増は、この後慶長三年十一月十四日、七十二歳で死去したという。

三　小山氏の事例

第三節では下野南部の小山氏を扱う。

A．前当主小山高朝と現当主小山氏朝（後名氏秀、秀綱）との関係

小山氏内では古河公方家天文事件を契機に小山高朝から子の氏朝（秀綱の前名）に家督（当主の地位）が交替する。この事件は、相模の北条氏によって権力を奪われていた前古河公方足利晴氏と嫡男藤氏（晴氏と重臣簗田氏の娘との間の子）が、天文二十三年（一五五四）七月に下総葛西城（東京都葛飾区）から同国古河城（茨城県古河市）に戻って籠城し、古河公方足利梅千代王丸（晴氏と北条氏綱の娘との間の子、後の足利義氏）と補佐役の関東管領北条氏康（氏綱の子）に反旗を翻した事件である。この晴氏・藤氏父子による古河城籠城事件は、晴氏・藤氏方が敗れて

同年十月に終結する。

　高朝は、この事件に際し晴氏・藤氏父子を支援する。結果的に、高朝は足利梅千代王丸と補佐役北条氏康から処罰を受け、家督の交替と所領の一部収公（没収）を余儀なくされる。

　高朝から氏朝への家督の交替はいつ行われたのであろうか。明確に時期を特定することはむずかしい。氏朝は、弘治二年（一五五六）に推定できる六月二十三日付けで古河公方足利義氏から書状（足利義氏書状写「小山氏文書」）を送られ、氏朝が義氏に北下総結城政勝を通じて「免許」（赦免）を言上してきたので許すと報じられている。また、氏朝は、翌弘治三年五月二十三日付けで義氏から緑川郷（栃木市藤岡町）・下高嶋郷（栃木市大平町）・東武井郷（栃木市大平町）の支配を安堵されている（足利義氏安堵状「小山文書」）。足利義氏は背後で北条氏康が糸を引いていたと思われるが、小山氏について高朝ではなく、子の氏朝を取り立て自陣営に組み入れることで高朝に圧力を加え、高朝に対して小山氏の当主の地位を子の氏朝に譲らざるをえない状況に追い込んでいく方策を取ったと言えよう。一方、高朝は、初め古河公方家天文事件が終結した翌年天文二十四年（一五五五）三月段階に足利梅千代王丸に取り入り彼の補佐役で関東管領北条氏康への執成を依頼したが梅千代王丸に断られる（北条綱成書状写「東京大学白川文書」）。その後、高朝は永禄三年（一五六〇）に推定できる二月六日付けで義氏から書状（足利義氏書状写「小山氏文書」）を送られ、「赦免」を言上してきたので許すとし、「赦免」の理由として結城政勝の養嗣子晴朝と相談し「御進退の儀、内々懇ろに申され候いき。感悦の至りに候。」と報じられている。ここからは、高朝が観念して義氏に内々に「御進退」（高朝から氏朝への家督の継承）について述べてきたことが窺われ、永禄三年の二月初旬までには高朝から氏朝への家督の継承が行われたと推測される。永禄三年段階の高朝は五十四歳、氏朝は三十七歳である。なお、氏朝は、永禄三年正月段階には氏秀と改名している（小山氏秀判物「佐八文書」）。改名の背景としては代替わり、小山氏家督の継承が考えられる。

ところが、永禄三年（一五六〇）八月下旬に越後の上杉謙信が関東に進出してきて関東管領となり、同じく関東管領の地位にあった北条氏康と関東の支配権をめぐって本格的に争うようになると、小山氏を取り巻く情勢が激変する。高朝・氏秀父子は謙信の関東への出陣を好機ととらえ、越後上杉氏方に属し、古河公方家天文事件で小山氏の所領の一部が収公され、古河公方の御料所（直轄領）となっていた現在の小山市南西部、野木町、栃木市東部の旧領回復をめざす。この点は、高朝が永禄三年霜月二十六日付けで

小山高朝画像
（東京大学史料編纂所所蔵模写）

重臣の岩上伊勢守に榎本城（栃木市大平町榎本）が回復した時、上泉郷（小山市上泉）の支配を任せる旨約束していることよりわかる（小山高朝安堵状「岩上文書」）。また子の氏秀については彼が越後上杉氏方に属したことを契機に秀綱と改名したと思われるが、氏秀改め秀綱が、降って永禄五年正月十三日付けで伊勢内宮御師佐八掃部大夫に「寒川の内千疋の所、宿願について寄進せしめ候。」という寄進状（小山秀綱寄進状「佐八文書」）を出していることより窺い知れる。すなわち、この寄進状の文言からは、寒川郡などの旧領を回復した秀綱が、「宿願」成就を記念して佐八掃部大夫に送った寄進状と捉えられ、秀綱も父高朝同様古河公方の御料所となっていた旧領の回復をめざしたと言えよう。

　こうして小山氏の宿願は達成される。この点は、後世天正三年（一五七五）頃に古河公方側で作成した卯月十五日付けの古河公方家御料所書立案（「喜連川文書御料所目録案」）に「去んぬる庚申歳（永禄三年）迄相違なく御料所共に候」（括弧内は筆者の注記）として前記した現在の小山市南西部、野木町、栃木市東部の郷村名が記されていることよりわかる。

　ところで、小山氏が古河公方の御料所になっていた同氏の旧領を回復して以降の同氏の所領支配で興味深い事柄がある。高朝が小山氏領の西側の支城榎本城（栃木市大平町榎本）を拠点として、旧中泉庄（栃木市大平町）や寒川郡（小山市南西部）からなる榎本領を支配したことである。高朝が榎本領を支配したことは、彼の発給した文書の大半が川連氏（栃木市大平町川連から同市片柳町一帯を領有）や大中寺（栃木市大平町西山田）及び円満寺（小山市上泉）など榎本領内に居住ないし所在した家臣や寺院に宛てたものであることより指摘できる（小山高朝官途状写「栃木県庁採集文書」二、小山高朝書状「円満寺文書」、明察小山高朝書状「大中寺文書」、明察小山高朝判物「円満寺文書」）。

このような越後上杉謙信が関東に出陣してきて以降の小山氏の所領支配について、先学市村高男氏は次のように述べている（市村「下野小山領の構造と北条氏の分国支配」、同『戦国期東国の都市と権力』所収）。小山氏は「先代当主高朝が榎本周辺の支配を分担し榎本領を形成し、当主秀綱が狭義の小山領の支配に力を注ぎつつ、榎本領を含む広義の小山領全体を統治していく、という支配体制を形成」したと指摘している。傾聴に値しよう。

なお、高朝は、上杉謙信方に属して以降、足利藤氏・上杉謙信・北下総結城晴朝・結城乗国寺（じょうこくじ）・伊勢内宮御師佐八氏などと直接交渉するなど対外的にも活躍する。

高朝は天正元年十二月晦日享年六十七歳で死去する。代わって秀綱の弟高綱（たかつな）が榎本城主となり榎本領を支配していく。

B．前当主小山秀綱と現当主小山政種との関係

小山氏の本拠祇園（ぎおん）城（小山城とも、小山市中央町・城山町・本郷町）は、北条氏の猛攻の前に、天正三年（一五七五）十二月二十五日以前に攻略される（北条氏政書状「岡本貞烋氏所蔵文書」）。小山秀綱は祇園城を出て常陸古内宿（ふるうちじゅく）（茨城県城里町）に遁（のが）れ、佐竹氏の庇護を受け（上杉謙信書状「野

呂徳男氏所蔵文書」）、祇園城の奪還をめざす。秀綱は、強硬策と和平策で祇園城の奪還をめざす。

ここでは、行論の都合上、秀綱の和平策の内、東国の上位権力古河公方足利義氏に小山・北条氏間の和睦を周旋してもらい、小山・北条氏間の和睦を成立させ、祇園城の奪還をめざす策について述べてみたい。

秀綱はこの策を進めようとしたが、秀綱の場合、天正三年の六月十二日と六月十六日に義氏の本拠古河城（茨城県古河市）を攻撃しており（足利義氏感状「秋葉文書」）、義氏によく思われていなかった。

小山秀綱画像
（東京大学史料編纂所所蔵模写）

そこで、秀綱が採った方策が嫡子の伊勢千代丸（政種の幼名）への代替わりである。秀綱の戦略は、伊勢千代丸に家督を譲り、新たな新当主伊勢千代丸の下で、古河公方足利義氏に接近すれば、義氏が小山氏と北条氏の仲を取り持ち、小山・北条氏間の和睦を成立させ、祇園城を奪還することができるというものであったろう。秀綱から伊勢千代丸への代替わりは、伊勢千代丸が天正五年八月二十四日付けで伊勢内宮御師佐八掃部大夫に寄進状（伊勢千代丸小山政種寄進状「佐八文書」）を送り、本来ならば小山氏の当主がやるべき行為である、祇園城への帰城祈念依頼を伊勢千代丸が佐八掃部大夫に行い、小山領の下出井郷（小山市出井）を永代寄進する旨を約束していることを考えると、天正五年八月下旬までには秀綱から伊勢千代丸に代替わりが行われたと推測できる。秀綱の命日が天正十年六月で享年が小山氏関係諸系図の伝承によれば五十九歳で、逆算すると天正五年（一五七七）段階の秀綱の年齢は五十四歳である。また、「烟田旧記」や小山氏関係諸系図の伝承によれば、伊勢千代丸（政種）の命日が天正八年九月で享年が十四歳で、逆算すると、天正五年段階の伊勢千代丸は十一歳である。伊勢千代丸は、父秀綱の後見を受け、年頭の祝儀や八朔の祝儀などで古河公方足利義氏に太刀・扇子・白鳥を贈り（足利義氏書状写三通「小山氏文書」）、義氏に接近していく。

ところで、秀綱が考えた思惑はうまくいったのであろうか。この点は史料的な制約があるが、筆者はうまくいかなかったと考えている。関東の政治史は、永禄三年（一五六〇）以来、関東の覇権をめぐって抗争を続けていた越後の上杉謙信と相模の北条氏康との間で、甲斐の武田信玄に対する危機感から永禄十二年（一五六九）六月に越相同盟が結ばれて大きく変化する。北条氏は、越相同盟が成立する以前、関東管領として古河公方と協調し公方の権威を前面に立て北関東に侵攻していた。しかし、同盟成立後、北条氏は古河公方を前面に立てることなく北関東に対し武力による侵攻政策を進めていくようになる。結果的に、古河公方は関東の上位権力であるが、北条氏の後ろ楯がなければ存在自体ができなくなってしまう。天正期になると、古河公方は北条氏がやったことを追認する存在になっていく。この点は、例えば足利義氏が天正五年霜月付けで北条氏政・氏直父子に書状（足利義氏書状写二通「喜連川家文書案」三）を送り、北条軍が上総に在陣して里見氏方の数か所の城を攻略したところ、里見義弘が降参する旨を北条氏に言ってきたので、和睦して帰陣したと聞いているが、めでたいことと報じている点より推測できる。結局、秀綱が古河公方足利義氏に小山氏と北条氏間の抗争を調停・和睦してもらい、祇園城の奪還を図るという思惑は失敗する。伊勢千代丸は天正九年九月に享年十四歳で早世し、秀綱は再び当主に復帰する。

おわりに

以上、本章では、戦国・近世初期の武家権力の前当主と現当主との関係ないし元当主と現当主との関係を、比較的史料の残存状況の良い下野の那須・大関・小山氏について、前当主や元当主それぞれの視点から考察した。本章で扱った前当主ないし元当主について、家督を譲った理由から分類すると、健康上の問題が理由として推測される那須資胤、古河公方・相模北条氏・豊臣秀吉との関係で家督を譲ることを余儀なくされた那須資晴・小山高朝・小山秀綱（氏朝・氏秀）、家督を譲った理由が不明な大関高増に分けることができる。

いずれの人物も家督を譲った後完全に引退し、それぞれの家の領国支配や軍事・外交の第一戦から退いてしまったわけではなかった。彼らは自らの家の存続・発展を図るために那須・大関・小山氏内で権力を持ち続け、対内的にも対外的にも影響力を発揮し、子で現当主の権力を補佐していたことを指摘した。

ところで、戦国・近世初期の武家権力の家の家督の交替と、現代企業の経営陣の交替とを比較した場合どのようなことが言えるのであろうか。本稿で考察したように、戦国・近世初期の武家権力の家の前当主や元当主は現当主に対して影響力を保持し続けていた。現代の企業でも同族経営の企業では、株主と経営者が同一であることが多いため、戦国・近世初期の武家権力の家と同じ傾向が見られる。その一方で、株主と経営者が分離している非同族企業の場合、旧経営陣の企業への影響力は少なくなる。

このように、現代の企業の場合、戦国・近世初期の武家権力の家と類似している同族企業と、そうではない非同族企業が存在する。経営陣の交替を考えた場合、同族企業は、戦国・近世初期の武家権力の家が血縁的な系譜関係を重視し、家の存続・発展を図っていた点が同じで、経営方針も含めて事業継承がスムーズに行われていく。反面、同族企業は後継となる経営者の選択肢が少ないため、後継者不足に陥る危険性がある。この点、前記した大関高増は、まさか子で後継当主清増（きよます）が二十三歳で、次いで子で後継当主になった晴増（はるます）が三十七歳でそれぞれ自分より早く死去するとは思わなかったのではあるまいか。同族企業の場合、後継経営者の選択肢が少ないことがネックになる時がある。

一方、非同族企業は、同族以外の第三者が経営陣に加わるため、経営方針が硬直化していた時には新たな経営陣の下で刷新することができ、再び社会的な信用が得られる。この点は、前記した古河公方家天文事件で家督（当主の地位）を子の氏朝（秀綱の前名）に譲ることを余儀なくされた小山高朝や、わざわざ幼子伊勢千代丸（政種の幼名）に家督を譲った小山秀綱、及び豊臣秀吉によって復活（再興）を許された時の那須氏当主が那須資晴ではなく彼の幼子藤王（後の資景）であったことから窺える。彼らは受動的にまたは能動的に旗幟を替えた。具体的には、古河公方足利晴氏・藤氏父子方から古河公方足利義氏・北条氏康方に服属させられたことや、祇園城の奪還を考え北条氏との和睦のために古河公方足利義氏へ接近したこと、及び北条氏寄りから去就を変え豊臣秀吉に従属し復活（再興）を許されたことである。これらの点は非同族企業で経営陣の交替によって経営方針の刷新を図る手法と似ている。小山高朝・同秀綱・那須資晴から家督を継承した者は彼らの子どもで血のつながりはある。しかし、古河公方足利義氏・北条氏康・豊臣秀吉は、家督継承者を自分寄りの新たな家督継承者と捉え、非同族企業で新たな経営陣が登場し経営方針を刷新することが受容されたように、対外的に受け容れることができたと言えよう。

なお、非同族企業は、後継となる経営者に任期があるために、任期中の経営の安泰に気がとられ、長期的な展望に立って経営判断することができない場合がある。この点は、大関家で晴増の跡を継承した弟の資増が、晴増の嫡子（後の政増）が成長するまでの期限つきで大関家の当主になったことと似ている。資増にとっては政増が成長するまで大関家が安泰ならばよいという気持ちがあったことが推測される。

以上が戦国・近世初期武家権力の家の家督の交替と現代企業の経営陣の交替から指摘できる事柄である。

今後は、戦国・近世初期の事柄にとらわれず、中世及び近世・近代の様々なジャンルの歴史的事実と現代を比較し、現代及び未来に活かせるような事項を見出し発信していきたい。

第十章　改易に学ぶ歴史

―小山秀綱後室・那須資晴・宇都宮国綱を通して―

はじめに

下野の政治地図は、戦国時代末期天正十八年（一五九〇）に行われた、小田原合戦後の豊臣秀吉による宇都宮城での関東及び奥羽の豊臣体制づくりである宇都宮仕置、及びその後の豊臣政権期に大きく変貌する。小田原合戦前、下野の南部と南西部は小田原北条氏に属していた。北条氏に与していた小山・壬生氏の支配領域と日光山領の大半は秀吉により没収され、下総結城秀康に加増分として与えられ、結城氏の所領は北下総から日光山に至るまで下野の中央部に大きく入り込む形になる。北条氏忠の佐野領も没収され、佐野領は秀吉に従っていた天徳寺宝衍（元当主佐野宗綱の叔父）に与えられ、天正二十年九月には宝衍の養嗣子（秀吉側近富田一白の子）佐野信吉が継承していく。皆川氏は、小田原城が開城する直前北条方から秀吉に投降し徳川家康に預けられる。皆川氏の皆川領は、北条氏の遺領の大半を引き継ぎ関東の地に入ってくる徳川家康の領国に組み込まれるが、皆川氏が家康の家臣となることで皆川氏に安堵（領有を保証）される。長尾氏の足利領は、長尾氏が北条氏に与していたため、秀吉に没収され家康の領国に組み込まれる。

東部から北部の那須郡は、那須氏と大田原・大関氏などの那須衆がいた地域であった。小田原合戦に際し、大田原・大関氏などの那須衆がいち早く秀吉の下に参陣したのに対し、那須氏は秀吉の下に遅参、挨拶が遅れたため秀吉により一旦改易（取りつぶし）に処せられる。

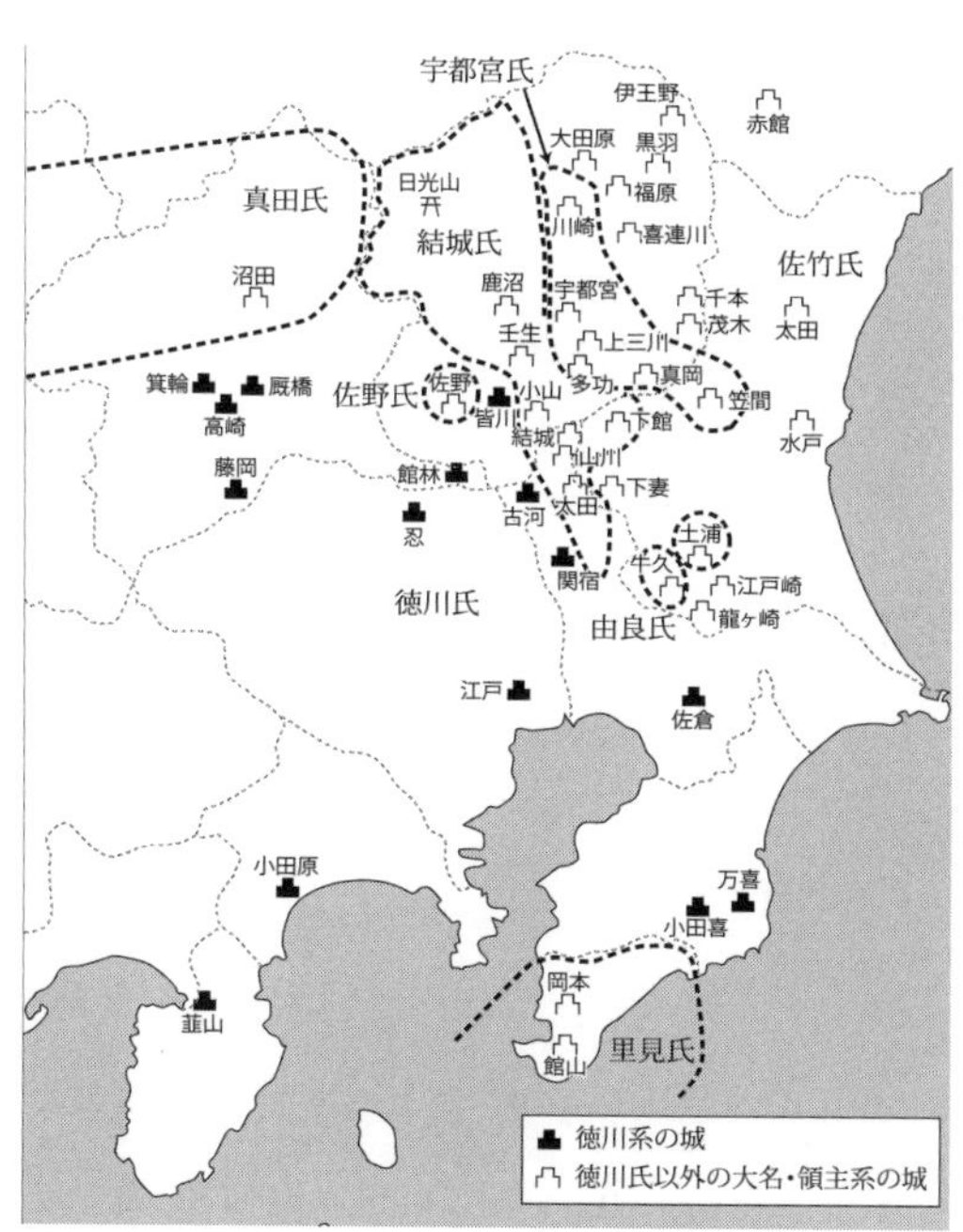

図1　天正 18 年 10 月下旬以降の関東の勢力分布図
（市村高男「『惣無事』と豊臣秀吉の宇都宮仕置」を改変、『北関東の戦国時代』所収、2013 年、高志書院）

しかし、那須氏はその後奥羽の地で起こった一揆対策との関連で秀吉により大田原・大関氏などの那須衆を率いる存在として戦国期以来の下那須の地ではなく上那須の地で復活を許される。

中央部の河内郡を中心に都賀郡の一部や塩谷郡・芳賀郡及び常陸の笠間郡などを勢力下に置いていたのは宇都宮氏である。宇都宮氏は、小田原合戦中秀吉の下に常陸佐竹氏とともに参陣したことにより、宇都宮仕置ではその功績を認められ、下野第一の豊臣大名として歩むことを許される。しかし、宇都宮氏は宇都宮仕置から約七年後の慶長二年（一五九七）十月秀吉により家中内紛を理由に突然改易に処せられる。

ともかく、戦国時代末期から豊臣政権期に下野の名門小山・宇都宮氏が姿を消し、那須氏は一旦秀吉により改易に処せられ、復活を果たすも、下那須地域の烏山城ではなく、上那須地域の福原城で復活することを余儀なくされる。

歴史には「もしも」ということはないとよく言われる。しかし、現代に生きる私たち、ひいては未来に生きる人々にとって、歴史上の人物の「失敗」に注目し「もしも」を考えることは意義のあることであろう。あのとき歴史上の人物がこう判断しなければ、こう決断していれば、歴史の大きな動きは変わらないとしても、家の滅亡など最悪の事態は防げたかもしれない。

先学本郷和人氏は、歴史嫌いの子どもたちを少なくするために、「その時代の特徴を分析しながら、なぜそれが失敗だったかをあきらかにする。そしてもし失敗がなかったならば、歴史はこう変わっていたかもしれないと推測する」重要性を指摘し、鎌倉時代から関ケ原合戦期までの失敗事例を提示し、『「失敗」にこそ学びはある！』と述べている（本郷『「失敗」の日本史』、中央公論新社）。傾聴に値しよう。

本章では、本郷氏にならい、下野の名門武家勢力小山・那須・宇都宮氏の「失敗」事例、三氏が豊臣秀吉により改易（取りつぶし）に処せられた時の当主（ないし実質的な当主）小山秀綱後室・那須資晴（すけはる）・宇都宮国綱の動向を考察する。

一　小山秀綱後室

小山氏の本拠祇園城（小山城とも、小山市中央町・城山町・本郷町）は、天正三年（一五七五）十二月二十五日以前小田原北条氏に攻略される（北条氏政書状「岡本貞烋氏所蔵文書」）。小山氏当主秀綱は祇園城を出て常陸古内宿（ふるうちじゅく）（茨城県城里町）に逃れ（上杉謙信書状（「野呂徳男氏所蔵文書」）、佐竹氏の庇護を受け、祇園城の奪還をめざした。

秀綱はなかなか祇園城を奪還することができなかった。しかし、東国の政治情勢が変化する中で、秀綱は、天下人への道を歩んでいた織田信長の威勢と信長重臣滝川一益（かずます）の働きで天正十年（一五八二）五月十八日に祇園城を回復する（孝山小山秀綱書状案「立石知満氏所蔵文書」）。回復の条件は、北条氏による小山氏への祇園城の返還と、小山氏の北条氏への従属である。しかし、それも束の間、同年六月秀綱は死去し、祇園城は北条氏に開城させられ北条氏従属下の城となる（「筑南年譜所収明王院記」）。

秀綱の没後、秀綱の二男秀広が幼少であったため小山氏の舵取りをしたのは秀綱後室（こうしつ）である。秀綱後室は、北条氏に従属する一方で、北条氏にならい印文（いんぶん）「善」の黒印状を領内の家臣や村落宛てに出す（黒田基樹「関東の『おんな家長』」、黒田『戦国「おんな家長」の群像』所収、笠間書院）。

こうした状況下、天正十七年（一五八九）十月末、北条方上野沼田領の沼田城（群馬県沼田市）の城代を務めていた北条氏邦の重臣猪俣邦憲が真田方沼田領の名胡桃城（群馬県みなかみ町）を奪取する挙に出る。この事件は、沼田領をめぐる真田・北条氏間の争いを裁定した豊臣秀吉に対する違反行為で、秀吉の北条氏攻め、小田原合戦につながっていく。

小山氏は、名胡桃城奪取事件が起こる前、天正十七年北条氏に反旗を翻し、秀綱後室のいた祇園城は北条氏の攻撃により落城したと伝えられ、敗れた秀綱後室は八月下旬までには佐竹氏を頼り常陸に退去していく（小山家官途状写「栃木県庁採集文書」五、「常陸日月牌過去帳」）。

この後、小山氏は天正十八年（一五九〇）に行われた、小田原合戦後の豊臣秀吉による宇都宮仕置で改易に処せられる。小山家を継ぐはずの秀綱の二男で秀綱後室の子秀広はこの時二十歳位であった。

ここで話題を変え、小山氏の隣国上野金山城（群馬県太田市）の由良成繁後室妙印尼について触れる。妙印尼は、由良成繁の子国繁と、国繁の弟で上野館林城（群馬県館林市）の長尾氏に入嗣した長尾顕長の生母である。

小田原北条氏は、天正十二年（一五八四）から北条氏照（氏政の弟、氏直の叔父）が由良・長尾氏を攻める。同氏は翌天正十三年正月早々由良国繁の金山城と長尾顕長の館林城を接収し（北条氏照書状「阿久澤文書」）、由良国繁は桐生城（群馬県桐生市）に、長尾顕長は足利城（足利市）に移ることを余儀なくされる。この事件に際し、由良国繁・長尾顕長兄弟は一時期小田原に連行され軟禁される。二人が軟禁されていた時の妙印尼の動向は、豊臣秀吉が後年天正十八年（一五九〇）八月一日付けで妙印尼に宛てた朱印書状（豊臣秀吉朱印書状「由良文書」）からわかる。そこには、「由良・長尾兄弟については、先年北条氏から小田原城に留め置かれ、居城を攻められる一方で、居城を渡せと迫られた。母親であるあなたは覚悟を決め居城を守り、京都

豊臣秀吉木像（名古屋市秀吉清正記念館所蔵）

小山秀綱後室の使用した印文「善」の小山家黒印

（秀吉）へ事態の対処を要請してきた。その時秀吉は成り行きに委ねるよう返答したが、残念ながら北条氏に居城を引き渡すことになってしまった」と記されている。この記述内容からは、由良家当主国繁不在という状況下、妙印尼が金山城を北条氏に引き渡すことを拒否して籠城し、京都の豊臣秀吉と連絡を取り合っていたことがわかる。

その後、天正十八年豊臣秀吉の北条氏攻め、小田原合戦が起こる。由良国繁と長尾顕長は北条氏に命じられ小田原城に籠城し、豊臣軍と対峙する。留守を預かる妙印尼は、国繁の嫡男で十七歳の貞繁と共に桐生城に籠城する。しかし、妙印尼は「豊臣軍は北条軍より強い」という認識のもとに、豊臣方の東山道軍大将前田利家に降伏し、六月二日以前に桐生城を前田利家に開城する（前田利家書状写「山中山城守文書」）。妙印尼は、前田利家から同月七日付けで黒印書状（前田利家黒印書状「金谷文書」）を送られ、由良家の身上保全について豊臣秀吉に取り次ぐ旨約束される。結果的に、妙印尼は秀吉からこの年の八月一日付けで先に述べた朱印書状を送られ、「先年（天正十二年）のあなたの功績は忘れていません。本来ならばあなたに桐生・足利の地を宛行いたいのですが、この地は徳川家康に下したので、堪忍分として常陸国牛久の地（茨城県牛久市）の知行を認めるので、あなたは覚悟してその地を知行するように」と命じられる。妙印尼は、常陸国牛久で五四〇〇石余りを与えられ、子の由良国繁がこの所領を継承していくことになる（豊臣秀吉知行方目録「由良文書」）。

このような妙印尼の動向を踏まえ、天正十七・八年段階の秀綱後室の動きについて私見を述べる。歴史には「もしも」は許されないのが歴史研究者の常識である。しかし、秀綱後室と子の秀広が北条氏に反旗を翻した際、頼む相手として常陸佐竹氏のほかに豊臣秀吉もしくは豊臣奉行人の石田三成・増田長盛(ましたながもり)と連絡を取り合っていたらどうだったろうか。管見の限り、秀綱後室と子の秀広が豊臣秀吉ないし豊臣奉行人と連絡を取り合っていた史料を見ていない。それとも、秀綱後室や後室に仕(つか)えていた家臣たちはアンテナが低く、周囲の状況を正確に把握していなかったため情報が不足し、秀綱後室が秀吉を過小評価し秀吉と交渉していなかったのであろうか。

かすかな望みかもしれない。秀綱後室が「秀吉の権勢はすごい」と認識し、プライドを捨て頭を下げ、妙印尼と同じように秀吉もしくは秀吉の信任あつい者と連絡を取り合っていたならば、小山氏は秀吉の宇都宮仕置で減封、もしくは所領は没収されるが別の地に所領を与えられ存続していたかではないか。そう考えると惜しまれる。

二　那須資晴

那須資晴(すけはる)は、戦国時代末期の烏山城（那須烏山市城山(しろやま)）の城主である。資晴は、「はじめに」のところでも述べたように、天正十八年（一五九〇）の七月下旬から八月上旬にかけて行われた豊臣秀吉による宇都宮仕置(しおき)で所領を没収され、改易(かいえき)（取りつぶし）に処せられ一旦没落する。

この点は、秀吉の側近関秀長が天正十八年八月五日付けで豊臣奉行人浅野長吉（後に長政と改名、以下長政で表記を統一）に書状（関秀長書状「浅野文書」）を送り、秀吉から那須氏の本拠烏山城の請取を命じられ急いでやってきた旨報じていること、及び常陸の佐竹義重が天正十八年八月十一日付けで那須氏の重臣興野氏に書状（佐竹義重書状「平沼伊兵衛氏所蔵文書」）を送り、「不慮にこの度烏山没落するの間」と記していることより指摘できる。

それでは、なぜ那須資晴は秀吉から所領を没収され、本拠の烏山城を明け渡さなければならなかったのであろうか。那須氏関係諸系図の資晴の伝承によれば、資晴が小田原合戦に際し秀吉に遅参、挨拶するのが遅れたため所領を没収されたと記述されている。那須氏関係諸系図は近世以降に成立したものが多い。しかし、ほぼ記述内容が遅参で共通していることは、系図の記述内容が信頼できるものと見て差し支えなかろう。

烏山城跡遠景（南東より）

問題は、資晴がなぜ小田原合戦に際し遅参したかである。資晴は、天正十年代の初めより下野中央部の宇都宮国綱と塩谷領の帰属をめぐり領土紛争を繰り広げる。那須氏は、紆余曲折を経ながらも天正六年（一五七八）の常陸小川合戦以降、常陸佐竹氏を盟主とする反北条氏連合方に与する。しかし、那須氏は宇都宮氏や同氏配下の川崎塩谷氏との塩谷領をめぐる争いから、天正十四年（一五八六）七月下旬には反北条氏連合方を離脱し、北条氏と結んでいく。宇都宮氏が反北条氏連合方諸氏とともに、天下人への道を歩み始めた豊臣秀吉と結んだこともあり、那須氏対宇都宮・川崎塩谷氏の争いは、那須・北条・北条方諸氏対宇都宮・反北条氏連合方諸氏・豊臣秀吉の抗争になっていく。結果的に、那須資晴は小田原合戦後の豊臣秀吉による宇都宮仕置で改易に処せられる。

ここでは、豊臣秀吉及び側近の豊臣奉行人と那須資晴との関係について、残されている史料を通して見ていく。

【史料1】豊臣秀吉朱印状（大田原市那須与一伝承館寄託「那須文書」）

音信として太刀一腰・馬の代銀子百両到来し候いき。遠路の懇情悦び入り候いき。東八州・奥両国の置目等近日申し付くべく候。その意を成すべく候。なお増田右衛門尉（長盛）申すべく候なり。

（天正十四年）十月十六日〇（朱印、印文未詳、糸印）

那須太郎（資晴）とのへ

史料1からは、天正十四年十月段階には、那須資晴が使者に書状を持たせて秀吉に太刀一腰や馬を献上する代りの銀子百両を贈り、秀吉からは関八州と奥羽の地に「置目」（仕置、領土裁定）を命じる旨伝えられていることがわかる。この段階、資晴は秀吉と誼を通じており、資晴と秀吉は敵対関係になかった。

次に、小田原合戦の前年、天正十七年（一五八九）十月に豊臣秀吉及び側近の豊臣奉行人石田三成・増田長盛から資晴に送られてきた文書を見てみる。

【史料2】豊臣秀吉直書写（大田原市黒羽芭蕉の館所蔵「創垂可継」所収「多治比系伝」巻四）

其方の事、宇都宮に対し意趣これありて、かの表へ荒々行に及ぶ旨その聞こえ候いき。存分これあるに於ては、上意を得、その趣に随うべし。猥りなるその族は是非なく候。所詮重ねて諸堺目の儀、堅く仰せ付けらるべく候条、それ以前の事、矢留すべく候。委曲大関土佐守（晴増）に仰せ含められ候いき。この上不届きの働き候わば、弥曲事たるべく候。なお増田右衛門尉（長盛）・石田治部少輔（三成）申すべく候なり。

（天正十七年）十月朔日　（豊臣）秀吉

那須太郎（資晴）殿

（原漢文）

【史料3】石田三成・増田長盛連署副状写（大田原市黒羽芭蕉の館所蔵「創垂可継」所収「多治比系伝」巻四）

その表の儀に就て、御書を成され候いき。いづれも国々無事に仰せ付けられ候いつるところ、その表猥りの様躰御耳を相立て候いき。宇都宮に対し縦私の意趣候とも、鉾楯に及ばれ候いつるの段、御為然るべからず候。何様にも上意に任せらること尤もに存じ候。なお大関土佐守（晴増）演説をなすべく候。御分別肝要に候。恐々謹言。

増田右衛門尉長盛在判
石田治部少輔三成在判

（天正十七年）十月五日

那須太郎（資晴）殿

（原漢文）

史料2からは、秀吉が資晴に対し、「事情があって宇都宮氏の領地を攻めていると聞いている。言い分があるのであれば、上意を得て（秀吉に領土裁定をしてほしい旨うかがいを立て）その指示に従うように」と伝えたうえで、「境目相論（争論）の裁定を命じるので、裁定が出る前までには矢留（停戦）をするようにと」と命じていることがわかる。

史料3からは、豊臣奉行人の石田三成と増田長盛が資晴に対し、「秀吉が御書（史料2）を出されたこと。秀吉はどこの国の境目相論（争論）にも裁定を下していて、そちら方面の様子を知っておられる。宇都宮国綱に対し事情があっても戦さに及ぶのはよくない。上意（秀吉の裁定）に従うように」と伝えていることがわかる。

史料2と史料3からは、那須資晴と宇都宮国綱との境目相論に対し、豊臣秀吉が宇都宮国綱寄りで那須資晴に「矢留」（停戦）を命じていることがわかる。秀吉が「矢留」命令を出した背景としては、この秀吉の裁定が出る前の天正十七年三月段階に、宇都宮国綱が上杉景勝や天徳寺宝衍を通じて「上洛」し臣従する意志を秀吉に伝え、秀吉からの「矢留」命令に応じることを表明していたことが考えられる（石田三成書状「小田部好伸家文書」）。秀吉の「惣無事」政策（領主間の紛争を豊臣政権の裁定で和睦に導く政策）は、単なる紛争当事者間の和平調停だけでなく、紛争を豊臣政権の裁定の下に終息させ、紛争当事者たちに上洛臣従を強制し、彼らを支配下に置くことをめざすものであった。天正十七年十月段階、秀吉が資晴よりも「上洛」意志を表明していた宇都宮国綱寄りであったのも、秀吉の考え方からすれば当たり前のことであったろう。

史料2と史料3で興味深い点は、黒羽城（大田原市前田）の城主で那須氏重臣大関晴増が秀吉寄りで、秀吉から主君那須資晴への「矢留」命令を伝える役割をしていたことである。この時点で、資晴が大関晴増の伝言を聞き入れて秀吉に頭を下げ、秀吉に宇都宮・那須氏間の境目相論の裁定を出してほしい旨願い出て戦闘行為をやめ、秀吉から出される裁定に従い上洛意志を表明していれば、違った歴史的な展開になっていたかもしれない。

しかし、この時点の資晴は、小田原の北条氏や奥羽の伊達政宗と結んでいれば秀吉や宇都宮氏に対抗できるという考えであり、秀吉の命令に応じなかった。資晴は天正十八年正月段階秀吉の逆鱗にふれる。この点は、豊臣奉行人石田三成が天正十八年正月十三日付けで宇都宮国綱方の塩谷義綱に書状（石田三成書状写「秋田藩家蔵文書」三）を送り、「出城近辺まで放火せしむ。慮外の族（那須氏）一々上聞に達し候いき。一段曲事に思し召し、最前大関土佐守（晴増）

方に様躰仰せ付けられ、那須へ御書（史料2）を成され候いつるの条、定めて別儀あるべからず候。自然猥りの族これあるに於ては、重ねて仰せ越さるべく候。」（原漢文、括弧内は筆者の注記）と記していることよりわかる。

なお、資晴と伊達政宗との同盟関係は、天正十八年三月下旬までは、政宗が資晴に「世上浮沈共に尽未来入魂の事」と記した条書（伊達政宗条書「那須文書」）を送っていることより維持されていた。ところが、ひと月後の四月下旬になると、資晴と政宗との同盟関係は「那須より手切」を申し出て破綻する（伊達政宗書状「関文書」）。背景としては、豊臣軍の関東への襲来が考えられる。豊臣軍の襲来が現実のものとなり、那須氏の家中では豊臣軍の襲来に対し、対応が二つに分かれる。那須氏重臣大関晴増は秀吉寄りで、小田原に進軍中の秀吉に書状を送り、秀吉から天正十八年卯月朔日付けで「書状駿州三枚橋（静岡県沼津市の三枚橋城）に於いて披見。北条誅罰のため、去んぬる月朔日出馬せしめ、同二十四日着陣。（中略）小田原表の行急度申し付くべく候。是又早速相果たすべく候。その節出仕尤に候。」（括弧内は筆者の注記）と報じられている（豊臣秀吉朱印状写「創垂可継所収多治比系伝」巻四）。晴増は、こうした秀吉の意向を受け、那須氏配下の大田原・冨久原・伊王野・蘆野氏などの那須衆と共に秀吉の下に参陣する。因みに、この時晴増の父高増は、主君資晴に秀吉の下に参陣するよう勧めたが聞き入れられず、子の晴増や他の蘆野・伊王野・大関・大田原などの那須衆などと共に秀吉の下に参陣したという（「那須記」巻四、大田原・那須・大関・福原・蘆野氏の諸系図）。

一方、資晴は関東に襲来してきた豊臣軍の攻勢に恐れ、消極的ながら秀吉に接近していく。天正十八年五月段階、小田原城包囲中の秀吉から資晴に送られてきた朱印状を見てみる。

【史料4】豊臣秀吉朱印状（大田原市那須与一伝承館寄託「那須文書」）

卯月十二日の書状今月十五日披見し候いき。来意の如く小田原の事、厳しく詰め置かるるの上、急度（北条）氏直の首を刎ねらるべき儀勿論に候。然れば八州の城々見聞の如くたるの条、路次その煩いなく候。定めて近日参陣たるべく候間、その節仰せ聞かるべく候。なお増田（長盛）右衛門尉申すべく候なり。

（天正十八年）五月十五日◯（朱印、印文未詳、糸印）

（資晴）那須太郎とのへ

史料4からは、資晴が破竹の勢いで襲来してきた豊臣軍に脅威を感じていたためであろうか、天正十八年四月十二日付けで秀吉に弁明の書状を送ったことがわかる。書状の内容は不明である。しかし、推測するに、宇都宮氏との境目相論の経緯や病気で秀吉の下に参陣できないことなどが記されていたと思われる。文面からは、資晴が秀吉から返事を待たされ、一か月後の五月十五日付けで秀吉のいる箱根湯本の早雲寺（神奈川県箱根町）に参陣を求める最後通牒とも言える返書の朱印状を送られていたことがわかる。確かにこの当時資晴を取り巻く対外情勢は厳しかった。北側には手切れした南奥羽の伊達氏、東側には常陸佐竹氏、西側には宇都宮・川崎塩谷氏がいて、資晴はたやすく動ける状態ではなかった。しかし、資晴がプライドを捨て無理をしてでも思い切って奥羽の伊達政宗のように秀吉の下（もと）に参陣（伊達政宗の参陣は六月九日）し、秀吉に頭を下げていたならば改易にはならなかったかもしれない。資晴は秀吉から対面で秀吉の家臣たちがいる中で叱責・罵倒されることを恐れたのであろうか。

人は、行動を起こす時は信念を持って目標を掲げて行動すべきである。他人がどう思うかとかどう見ているとか気にすることはない。努力は必ずしも報われるわけではない。しかし、行動しなければ結果は出ない。ともかく、人は、やらぬ後悔よりやる後悔で行動すべきである。その際重要なことは、中途半端な行動は慎むべきことである。中途半端な行動は、希望通りの成果が得られないことが少なくないからである。

資晴は中途半端な行動が響き、秀吉の宇都宮仕置で改易に処せられ、一旦滅亡し、上那須の佐良土（さらど）城（大田原市佐良土）に蟄居（ちっきょ）を余儀なくされる（「那須記」巻十四等）。一方、秀吉の下に参陣した大関・大田原氏などは豊臣体制下で生き延びていくことを秀吉から許される。

関連で、小田原合戦時の下野皆川城（栃木市皆川城内町）の城主皆川広照の動きを触れておく。広照は、当初北条氏の命令で小田原城に籠城し、城の東「竹ノ花口」（「竹浦口」とも）を守る。皆川広照は、豊臣方が優勢になっていく状況下、皆川氏の家と所領を守るために籠城していた小田原城から出て、秀吉に投降する（豊臣秀吉朱印状「真田家文書」、北条家人数覚書「毛利家文書」、木村吉清・和久宗是連署書状「伊達家文書」、河嶋重続書状「伊達家文書」）。皆川広照が秀吉に降った当時、広照は北条氏や北条方の諸家の者から大胆不敵な行動と見られ誹りを受けたかもしれない。しかし、秀吉からは広照と親しい関係にあった徳川家康に預けられる。結果的に、小田原合戦後の宇都宮仕置で家康の家臣となっていた広照は皆川氏の家と所領を守ることになる。

資晴は、皆川広照と比べた場合、プライドが邪魔して中途半端な行動しかできず、対面で叱責・罵倒されることを恐れ、秀吉に頭を下げなかったのが墓穴を掘る結果となってしまったと思われる。

なお、この後天正十八年の後半になると、那須氏をめぐる状況が変化する。十月に陸奥の大崎領や葛西領で一揆が起こり、奥羽の全域に一揆が波及する勢いを見せる。那須氏自身や大田原氏などの那須衆の復権運動もさることながら、那須八溝地域を奥羽への最前線基地と考えた豊臣政権による対奥羽の一揆対策として那須氏は復活を許される。秀吉は、戦国時代に大田原・大関氏など那須衆の盟主であった那須氏を再興させることで、那須氏を軸に那須衆には団結させ奥羽の一揆に対処させせようとした。結果的に、資晴の子藤王（資景の幼名、以下資景と記す）が天正十八年十月に上那須地域の那須領内で五千石を与えられ（豊臣秀吉朱印状「那須文書」）、翌天正十九年四月には同領内で五千石を加増され（豊臣秀吉朱印状「那須文書」）、豊臣期の那須氏は幼少の新当主資景の下、上那須地域の所領一万石で豊臣大名として復活する。

天正十八年段階の資景は四歳ないし五歳で、資晴は三十四歳ないし三十五歳である。資晴は天正末期から文禄期には那須氏の実質的な権限代行者として、次の慶長期には当主資景を補佐する後見役として豊臣・徳川政権と相対していく。

三　宇都宮国綱

下野中央部宇都宮城（宇都宮市本丸町・旭一丁目）の豊臣大名宇都宮国綱は、慶長二年（一五九七）十月、豊臣秀吉により改易に処せられる（佐竹義宣書状写「佐竹文書」）。秀吉の信任厚い京都醍醐寺（京都市伏見区）の座主義演は、宇都宮氏の改易について以下のように記している。

【史料5】「義演准后日記」慶長三年正月十一日条

十一日、陰、晩に及び雪降る。

（中略）

伝え聞く。日野蒲生藤三郎（秀行）内輪不慮に付、太閤（豊臣秀吉）御前不快。仍って奥州相津〔会〕において百廿万石領知なり。今度改動ありて、宇津宮跡十八万石之を下さるる。身上半ば果てるの躰なりと云々。宇津宮（国綱）も去年内輪不慮に付、御闕所なり。

（原漢文）

史料5からは、会津百二十万石の蒲生秀行が「内輪不慮」（家中内紛）を理由に秀吉により宇都宮氏の旧領十八万石に減転封になったこと、及び宇都宮国綱が去年「内輪不慮」（家中内紛）を理由に秀吉により「御闕所」（改易）に処せられたことがわかる。

宇都宮氏の家中内紛について、江戸時代幕末期成立の河野守弘が著した地誌『下野国誌』には以下のように記されている。

【史料6】『下野国誌』九之巻古城盛衰宇都宮城所収「宇都宮系図」

さて其頃、国綱（宇都宮）三十歳に及ぶといへとも家督を続べき男子なし、是に依て豊臣殿下（秀吉）、兼て浅野（長政）の二男長重を養子に致べきの旨上意ありたるに依て、大坂詰の家老北条勝時入道松庵、今泉但馬守高光等と相談して、御請に及びたる、然るに国綱の舎弟芳賀高武、是を聞いて、宇都宮家は粟田関白の嫡流にて関東の名家なれバ、一族もまた多し、他家より相続の義、所謂なき、北条、今泉等が執持かなと、大に憤りて、石田三成について、殿下へ破断の義を申上、夫より北条が非義を責て、四条河原に引き出し斬罪したる時、（中略）、さてまた今泉和泉守高光ハおのが在所河内郡上三川の城に帰りてありたるに、慶長二年丁酉五月二日の夜、芳賀高武不意に押寄て、四方より火を放ち頻に責立けれバ、城中大小周章して、高光をはしめ一族落合隼人政親、長臣石崎河内通友、浜野弾正季啓以下高橋、上野、田谷、増渕、橋本、土屋、坂本、君嶋、猪瀬、小林、稲見等防ぐに術なく、主従十五人菩提所長泉寺の道場に入て自害す、

史料6には宇都宮国綱の養嗣子問題をめぐる宇都宮氏の家中内紛が記されている。管見の限り、養嗣子問題や家中内紛の存在有無について、一次史料で確認していない。『下野国誌』には典拠が記されていないのが惜しまれる。しかし、江戸時代幕末期には、伝承であるが宇都宮国綱の養嗣子問題をめぐって宇都宮氏の家中内で内紛があったことが語り伝えられていたと言えよう。

宇都宮国綱が秀吉により改易に処せられた時の豊臣政権側の宇都宮氏の「取次」は、秀吉の妻北政所の妹婿で豊臣奉行人の浅野長政と子の幸長である。豊臣政権側の宇都宮氏の「取次」は、文禄二年（一五九三）十一月豊臣奉行人増田長盛から浅野長政・幸長父子に替わる（豊臣秀吉領知判物「浅野文書」）。

筆者は、かつて不十分ながら宇都宮氏の改易の理由を考察したことがあった（拙稿「宇都宮氏改易考」、拙著『戦国・近世初期の下野世界』所収）。宇都宮氏が秀吉によって改易に処せられた根底に、豊臣奉行人浅野長政と同じく豊臣奉行人石田三成・増田長盛との確執（権力闘争）があり、直接には浅野長政によって秀吉の宇都宮仕置時の指出検地石高の不正申告を秀吉に上申されたことや、国綱の養嗣子問題をめぐる家中内紛を秀吉に上申された可能性があることを

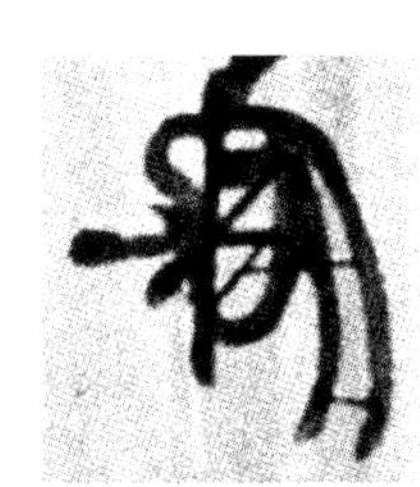
宇都宮国綱の花押

指摘した。後者の国綱の養嗣子問題の場合、史料6では、国綱の末弟で芳賀家に入嗣した芳賀高武が石田三成に依頼し、秀吉に養嗣子の件破断を上申してもらったと記されている。芳賀高武は、秀吉の二度目の朝鮮出兵である慶長の役後には石田三成の「扶持人（ふちにん）」となり、三成の居城佐和山城（滋賀県彦根市）に入れる程で（神宮文庫所蔵「下野国檀那之事」）、宇都宮氏の家中内にあっては石田三成寄りの人物であった。一方、大坂詰の重臣北条松庵や今泉高光が浅野長政寄りであったかどうかは史料的な制約で不明である。ただ、彼らが芳賀高武によって斬罪に処せられたり攻められたりしていることが事実であったならば、浅野長政寄りであったと言えよう。

推測するに、大坂詰めの重臣北条松庵や今泉高光は、大坂の地で秀吉の権勢や秀吉の信任を得ている浅野長政のことを見ており、秀吉からの長政二男長重を国綱の養嗣子として迎える件について、止むを得ないと考えていたであろう。一方、芳賀高武は宇都宮氏が平安時代以来の名門、いくら秀吉の意向だからと言っても、宇都宮家と比較したら出自的に劣る浅野長政（秀吉の妻北政所の妹婿）の子を宇都宮家の養嗣子に迎えるべきではなく、宇都宮氏の一門から養嗣子を迎えるべきだという考えであったろう。

史料6によれば、国綱の養嗣子問題について、国綱は初め大坂詰めの重臣北条松庵や今泉高光の意見を採り入れ、秀吉の権勢は凄いということで、浅野長政の二男長重を養嗣子に迎えようとしたという。ところが、後に末弟で芳賀家に入嗣していた芳賀高武の意見を採り入れ、石田三成を通じて秀吉に対し浅野長政の二男長重を養嗣子に迎えることを断ったという。事の真偽については管見の限り同時代の史料で確認できない。ここでは、史料6に記されていることが事実であったならばという前提で論を進めていく。

国綱にとって最も重要なことは宇都宮氏の家の存続である。家がなくなり所領を没収されてしまえば、自分は勿論家中の者も路頭に迷うことになる。問題は国綱が自分の養嗣子問題に対してどう対処したかである。第一は当時の政治慣行である「取次」と対象の大名との関係を熟知した上で秀吉に対応したかどうかである。「取次」は独占的に対象の大名と関係を持つことができたが、「取次」でない者からの秀吉への仲介行為は難しかったという（梯弘人「豊臣期における浅野長政」（『学習院史学』四九号）。しかも、国綱が依頼した相手は浅野長政と敵対関係にあった豊臣政権側の宇都宮氏への元「取次」石田三成であった（前掲拙稿「宇都宮氏改易考」）。国綱は秀吉の上意を一旦受け容れながら途中で断り、時の権勢者秀吉の面目をつぶした。改易されても仕方がないかもしれない。国綱としては高いアンテナを駆使して情報を収集し、豊臣政権の「取次」について理解した上で、あくまでも現在の「取次」浅野長政を交渉相手とし、条件をつけ妻は宇都宮家ないし宇都宮一門から迎えることとして長重養嗣子を受諾するとか、断るにしても浅野長政ひいては秀吉の面目をつぶさないような対応を模索すべきであったろう。

第二は、第一の情報不足との関連で、国綱は宇都宮氏の南西隣にいた佐野氏の養嗣子受け容れも参考にするべきであったろう。佐野氏は、小田原合戦後、天徳寺宝衍が宇都宮仕置で佐野氏本拠の唐沢山城を取り戻す。その後、宝衍は秀吉側近富田一白（かずあき）の子を養嗣子として迎えることで佐野家の安泰を図った。国綱も養嗣子問題で佐野氏にならい家柄に固執することなく、受容してもよかったのではなかろうか。

第三は、国綱が宇都宮氏の当主（家組織のトップ、リーダー）として秀吉からの上意を受け容れるかどうかを、家中の主だった者たちに説明し、了承を得た上で秀吉に返事したかである。家中の者たちはそれぞれ考え方を持っていたであろう。時代の大勢を考慮し、宇都宮氏の家を守るという明確な方針や目標のもとで対応していれば改易はなかったかもしれない。しかも、国綱は筆者から見れば養嗣子について中途半端な判断で受け入れ、後で考え方が変わったとして秀吉に断りを入れている。しかも、国綱の中途半端な判断が家中内紛を引き起こしてしまったのである。改易に処せられても止むを得なかったかもしれない。国綱は、養嗣子問題について、受容するにしても断るにしても、当主として家中の者が一枚岩となって対処するよう努力し、家中内の反対意見の者に対しても決定した以上は従うようにと釘をさすべきであったろう。

おわりに

以上、本章では、豊臣秀吉により改易に処せられた時の当主（ないし実質的な当主）小山秀綱後室・那須資晴・宇都宮国綱の失敗行動に注目し考察した。秀綱後室については、プライドを捨て秀吉や秀吉の信任厚い者に頭を下げ、連絡を取り合うべきであったことを述べた。那須資晴については、プライドを捨てるとともに中途半端な行動を慎み、秀吉の下に参陣し頭を下げるべきであったことを記述した。宇都宮国綱については、アンテナを高くし周囲の状況を正確に把握しながら情報収集をすることで、豊臣政権の政治慣行に従って行動すべきであったことや、佐野氏など他氏の養嗣子受容事例を参考にするべきであったこと、及び家中をまとめ上げ家中の者一枚岩で豊臣政権に臨むリーダーシップを発揮することが重要であったことなどを指摘した。

最後に、歴史を学ぶ意義について卑見を述べる。歴史を学ぶ意義は、過去の出来事について、良質な資・史料を収集し因果関係を明らかにし、その教訓を現代ひいては未来に生きる人々に活かすためにあると考えている。したがって、筆者は、歴史を学ぶことによって得た過去の人々の失敗、または叡智を現代ひいては未来に活かすことが重要と思っている。

私たちは、歴史を学ぶことで先人たちが経験したことを他山の石とし、自己の生活に活かしていくことができるであろう。繰り返しになるが、私たちは、過去の人々が繰り返してきた多くの失敗や成功の事例を、歴史を学ぶことで体験することができると考えている。その意味では、現代の私たちや未来の人々の生きる指針は、過去の出来事を学ぶことによって得られるであろう。

本書のおわりに

筆者は、大学時代以来細々と地域史の研究を続けている。歴史の謎解(なぞと)きが好きなことが研究を続けている理由のひとつである。様々なジャンルの資・史料を蒐集(しゅうしゅう)して考察し、事実関係を解き明かすことが根っから好きである。

本書は二部構成になっている。第一部は、歴史の謎解きの一環として中世社会の主な歴史的な特質を考察した論考からなる。第一部で指摘した中世社会の歴史的な特質は、中世史の研究者の間では自明のことである。これを、下野を中心とした史料からも論証できたことは嬉しい限りである。具体的には、第一章では小山氏と宇都宮氏を通して中世が地方分権の社会であったことを明らかにした。第二章では長沼義秀の長沼荘回復の動きを通して中世が自力救済と弱肉強食の社会であったことを論じた。第三章では伊勢内宮御師(ないくうおし)の文書(もんじょ)である「佐八文書(そうちもんじょ)」を通して戦国・近世初期の武将たちの信仰心が現代人に比べて篤(あつ)かったことを述べた。第四章では板碑(いたび)を通して中世が多様性の社会であったことを明らかにした。第五章では戦国武将が現代人と違って一人でいくつも名前を持っていたことを当時の史料から指摘した。第六章では佐野市大庵寺に所蔵されている「念仏日記」を通して戦国時代の女性名の特徴として、基本的に幼名（童名）のまま過ごしたことなどを述べた。以上、第一部では、中世社会の歴史的な特質が下野の資・史料からも指摘できることを明らかにした。

第二部は、筆者の歴史学の使命に対する考え方から考察した論考からなる。筆者は、歴史学の使命について、現代に生きる私たちや未来に生きる人々に生きる術を提示することにあると考えている。研究視覚としては、中世社会と現代社会とを比較し、異なる考え方と現代に通じる考え方があることを論じた。第七章では、「宇都宮家弘安式条」と「結城氏新法度」には現代に通用しない中世独特な考え方が記されているが、博奕の禁止、人身売買の禁止、悪口・陰口・噂話の禁止など現代でも通用する考え方も規定されていることを指摘した。第八章では、日本国憲法の三原則（国民主権・基本的人権の尊重・戦争放棄）及び国民の三大義務（教育・勤労・納税）について、戦国時代の史料から筆者の考えを述べた。具体的には、主権者としての心構え、戦争を起こさないことの重要性、教授科目の不易と流行、納税者の置かれている状況に応じた納税額の決定などである。第九章では、戦国・近世初期那須・大関・小山氏の家の家督の交替と現代企業の経営陣の交替から指摘できることを述べた。現代企業の場合、同族企業と非同族企業に分けられる。同族企業は血縁関係を重視し、戦国・近世初期の武士の家と類似し、経営方針も含めて事業がスムーズに継承されていくことを指摘した。一方、非同族企業は同族以外の者が経営陣に加わるため、経営方針が刷新されることなどを指摘した。第十章では、小山秀綱後室・那須資晴・宇都宮国綱が豊臣秀吉によって改易に処せられた理由を通して、過去の失敗事例や成功事例を、現代及び未来に生きる人々に活かしていくことの重要性を論じた。

以上が、本書の総括である。繰り返しになるが、筆者は歴史の謎解きが好きである。多くの資・史料の中からこれは何故だろうと疑問に思った事項を拾い上げ、謎解きを進めていく。これが筆者の歴史学研究の原点だと改めて気付くことができた。それ以上に、現代及び未来の人々が生きる術(すべ)として活用できる実学としての歴史学研究も必要だと考えている。筆者としては、歴史好きの物知りや自己満足の歴史学研究に終始することなく、現代及び未来の人々のための実学としての歴史学研究を推奨したい。

成稿一覧

序にかえて―本書の構成と各章の概要―（新稿）

第一部　下野の中世社会の特質

第一章　中世は地方分権な社会だった
―地頭と戦国期権力から―（新稿）

第二章　中世は自力救済と弱肉強食の社会だった
―室町時代応永期長沼義秀の長沼荘回復を通して―（新稿）

第三章　戦国・近世初期の武将たちの信仰心は篤かった
―「佐八文書」を通して―（新稿）

第四章　中世は多様性の社会だった
―下野板碑の様相から―（新稿）

第五章　ひとつではなかった戦国武将の名前（新稿）

第六章　戦国時代の女性の名前
―大庵寺「念仏日記」を通して―（新稿）

あとがき

二〇二一年秋定期検査で内臓疾患が見つかり、翌年入院し手術を受けることになった。不安な中で自分は何をやりたいのか、やることは何なのかなど、改めて自分のこれからについて考えてみた。自問する中での結論が大学時代から続けている地域史の研究を進めていくこと。

地域史の研究は、興味のあるジャンルの資・史料を蒐集して考察し、実証主義に基づき謎解きをするのが自分流。早速、自分が研究してきた中世社会の特色を自分のフィールドである下野を中心とした北関東の資・史料でも考察が可能かどうかを考えつつ研究活動を再開。併せて、二〇二一年五月に東京堂出版から刊行した拙著『戦国・近世初期の下野世界』で述べた、「現代に生きる私たちに、ひいては未来に生きる人々に活かせる術を提供する」歴史学研究も再開。

コロナ禍と手術後の体調不良で好きな博物館・資料館めぐりができない日々。先学諸氏の論文を読むのと並行して『戦国遺文』下野編第一巻～第三巻（東京堂出版）などの史料集をめくる日々。このような経緯で出来上がったのが本書に収録した十本の拙稿。多くの研究者により論文・著書が多数公刊され研究蓄積が増えていく一方で、論文・著書の賞味期限は以前に比べると短かくなっている。このような状況で、拙著を刊行する意義がどれくらいあるものなのか心もとない。しかし、現代に生きる人々や未来に生きる人々に少しでも貢献できればと思い刊行を決意。

最後に、出版事情の厳しい状況下本書の刊行をお引き受けくださり、様々な面で御配慮していただいた下野新聞社及び同社営業局編集出版部部長齋藤晴彦氏に厚く御礼申し上げたい。また、私事になるが、健康不安な生活を様々な面から支えてくれている妻に感謝申し上げたい。

荒川善夫

二〇二三年四月

参考文献・史料集

〔参考文献〕

藍田収「板碑」（『国分寺町史』通史編所収第三編第五章第二節、国分寺町、二〇〇三年）
秋山哲雄「都市鎌倉の東国御家人」（秋山『北条氏権力と都市鎌倉』所収、吉川弘文館、二〇〇六年、初出二〇〇五年）
阿部能久「鎌倉府体制下の長沼氏」（『日本史学集録』二六号、二〇〇三年）
新井敦史「黒羽の戦国武将大関高増について」（黒羽町芭蕉の館第十二回特別企画展図録『黒羽の戦国武将大関高増―勇剛人に越える男の聖と俗―』所収、黒羽町教育委員会、二〇〇二年）
新井敦史「戦国末期～豊臣期における下野黒羽大関氏の権力構造」（『歴史と文化』十三号、二〇〇四年）
新井敦史「戦国期大関氏の動向と権力構造」（新井『下野国黒羽藩主大関氏と史料保存―「大関家文書」の世界を覗く』所収、随想舎、二〇〇七年）
新井敦史「関ケ原合戦と那須衆―徳川氏への忠誠と関山合戦をめぐって―」（『ブックレット那須をとらえる』2所収、随想舎、二〇一二年）
荒川重雄「中世下野の在地領主制に関する一考察―とくに長沼氏について―」（『栃木史論』一三・一四合併号、一九七三年）
荒川善夫「寒河御厨と寒河郡」（『小山市史研究』四号、一九八二年。後に松本一夫編著『下野小山氏』に収録、

戎光祥出版、二〇一二年）
荒川善夫「皆川氏の動向と戦国的特質」（荒川『戦国期北関東の地域権力』所収、岩田書院、一九九七年、初出一九九三年）
荒川善夫「国綱の時代」（前掲荒川『戦国期北関東の地域権力』所収、初出一九九四年）
荒川善夫「那須氏の動向と存在形態」（前掲荒川『戦国期北関東の地域権力』所収）
荒川善夫「那須氏と那須衆」（荒川『戦国期東国の権力構造』所収、岩田書院、二〇〇二年、初出二〇〇〇年）
荒川善夫「豊臣・徳川初期の那須資晴」（前掲荒川『戦国期東国の権力構造』所収）
荒川善夫「戦国末期から江戸初期を生き抜いた那須資晴の足跡」（栃木県歴史文化研究会会報『歴文だより』七九号、二〇一一年）
荒川善夫「古文書で見る常陸小川合戦」（荒川『戦国・近世初期の下野世界』所収、東京堂出版、二〇二一年、初出二〇一三年）
荒川善夫「那須資胤隠居後の呼称考」（前掲荒川『戦国・近世初期の下野世界』所収、初出二〇一七年）
荒川善夫「戦国期小山氏の生き残り戦略―当主の代替り・交替を通して」（前掲荒川『戦国・近世初期の下野世界』所収、初出二〇一八年）
荒川善夫「宇都宮氏改易考」（前掲荒川『戦国・近世初期の下野世界』所収、初出二〇一九年）
荒川善夫「改易後の小山氏と宇都宮氏の動向」（前掲荒川『戦国・近世初期の下野世界』所収、初出二〇二〇年）

荒川善夫「伊勢内宮御師佐八氏と下野の檀那諸氏との関係」（前掲荒川『戦国・近世初期の下野世界』所収）
安野眞幸「宇都宮式条の世界―非市場社会のケース・スタディーとして」（弘前大学教養部『文化紀要』二五号、一九八七年）
池上裕子「結城領の人々の生活」（『結城市史』第四巻古代中世通史編第四編第二章、結城市、一九八〇年）
池亨「地域社会の変貌」（池『東国の戦国争乱と織豊権力』所収、吉川弘文館、二〇一二年）
石井進「銭百文は何枚か」（『信濃』40―3、一九八八年。後に石井『中世史を考える―社会論・史料論・都市論』に収録、校倉書房、一九九一年）
石川速夫「宇都宮二荒山神社」（『宇都宮市史』第三巻中世通史編、宇都宮市、一九八一年）
泉正人「新田開発と入会争論」（前掲『国分寺町史』通史編第四編第一章第二節二）
市村高男「戦国期下総結城氏の存在形態―『結城氏新法度』の検討を中心に―」（市村『戦国期東国の都市と権力』所収、思文閣出版、一九九四年、初出一九七八年）
市村高男「下野小山領の構造と北条氏の分国支配」（前掲市村『戦国期東国の都市と権力』所収、初出一九八四年）
市村高男「『下総崎房秋葉孫兵衛旧蔵模写文書集』の紹介（二）」（『中央学院大学教養論叢』第五巻第一号、一九九二年）
市村高男「戦国大名研究と列島戦国史」（『武田氏研究』三〇号、二〇〇四年）

市村高男『東国の戦国合戦』（吉川弘文館、二〇〇九年）
市村高男「『惣無事』と豊臣秀吉の宇都宮仕置―関東における戦国の終焉―」（江田郁夫・簗瀬大輔編『北関東の戦国時代』所収、高志書院、二〇一三年）
江田郁夫「『宇都宮家弘安式条』の世界」（前掲江田『中世の下野を旅する』所収、初出一九九三年）
江田郁夫「宇都宮氏歴代の実名と東国秩序」（江田『中世の下野を旅する』所収、随想舎、二〇〇九年）
江田郁夫「鎌倉府体制下の長沼氏」（江田『室町幕府東国支配の研究』所収、高志書院、二〇〇八年、初出一九九七年）
江田郁夫「戦国武将の幼名」（前掲江田『中世の下野を旅する』所収、初出一九九九年）
江田郁夫「武力としての日光山―昌膳の乱をめぐって―」（江田『戦国大名宇都宮氏と家中』所収、岩田書院、二〇一四年、初出二〇〇一年）
江田郁夫「東国の元中年号文書と新田一族」（『古文書研究』五五号、二〇〇二年）
江田郁夫「長沼氏と地域支配」（『二宮町史』通史編Ⅰ古代中世所収中世編第一章、二宮町、二〇〇八年）
江田郁夫『下野長沼氏』（戎光祥出版、二〇一二年）
江田郁夫「戦国時代の下野塩谷氏―系譜・本拠・政治的な動向を中心に―」（『栃木県立博物館研究紀要―人文―』三七号、二〇二〇年）
梯弘人「豊臣期における浅野長政」（『学習院史学』四九号、二〇一一年）
笠松宏至「結城氏新法度の顔」（『栃木県史』史料編・中世二付録『栃木県史しおり』、栃木県、一九七五年）

勝俣鎮夫「戦国法」（勝俣『戦国法成立史論』所収、東京大学出版会、一九七九年、初出一九七六年）
菊地卓「宇都宮弘安式条についての一考察」（『下野史学』二四号、一九六七年）
菊地卓「宇都宮弘安式条の成立」（『國史學』七八号、一九六九年）
菊地卓「足利地方で散見される安山岩製板碑について」（『足利市文化財愛護協会会報』二四号、一九八〇年）
菊地卓「宇都宮弘安式条の成立」（前掲『宇都宮市史』第三巻中世通史編第三章）
菊地卓・和久井紀明「板碑の造立と民衆」（『野木町史』歴史編所収中世第三章第一節、野木町、一九八九年）
菊地卓「栃木県における板碑分布の様相」（小川信編『中世古文書の世界』所収、吉川弘文館、一九九一年）
菊地卓「板碑の面白さ～栃木県を中心に～」（栃木県高等学校教育研究会地理歴史・公民部会『高校地理歴史・公民科紀要』三六号、一九九八年）
京谷博次「中世における供養塔の石材について」（『栃木史心会会報』一七号、一九八五年）
黒田基樹「宣戦と和睦」（黒田『中近世移行期の大名権力と村落』所収、校倉書房、二〇〇三年、初出二〇〇〇年）
黒田基樹「大名の裁判と領国の平和」（黒田『百姓から見た戦国大名』所収、筑摩書房、二〇〇六年）
黒田基樹『北条氏政』（ミネルヴァ書房、二〇一八年）
黒田基樹『戦国大名・北条氏直』（株式会社KADOKAWA、二〇二〇年）
黒田基樹『戦国「おんな家長」の群像』（笠間書院、二〇二一年）
齋藤弘「下野の板碑」（千々和到・浅野晴樹編『板碑の考古学』所収、高志書院、二〇一六年）

齋藤弘「下野の板碑と中世的信仰世界の転換」（『歴史と文化』二七号、二〇一八年）
坂田聡『苗字と名前の歴史』（吉川弘文館、二〇〇六年）
佐々木茂「芳賀地方の板碑文化」（『芳賀町史』通史編原始古代中世所収第二部第三章第三節一、芳賀町、二〇〇三年）
佐々木茂「御師の来訪」（『鹿沼市史』通史編原始・古代・中世第二部第三章第六節、鹿沼市、二〇〇四年）
笹嶋憲一「戦国期結城氏の領域支配の構造について」（荒川善夫編著『下総結城氏』所収、戎光祥出版、二〇一二年、初出一九八七年）
佐藤博信「下野長沼氏と鎌倉府体制」（佐藤『中世東国の支配構造』所収、思文閣出版、一九八九年、初出一九七八年）
佐藤博信「室町・戦国期における小山氏の動向―代替わりの検討を中心として―」（佐藤『古河公方足利氏の研究』所収、校倉書房、一九八九年、初出一九八三年）
佐藤博信「室町・戦国期の下野那須氏に関する一考察―特に代替わりを中心に」（佐藤『中世東国の権力と構造』所収、校倉書房、二〇一三年、初出二〇〇八年）
佐藤博信「古河公方足利義氏と東国―特に『葛西様』段階を中心に」（前掲佐藤『中世東国の権力と構造』所収、初出二〇一〇年）
佐脇栄智「戦国武将の官途受領名と実名」（『戦国史研究』九号、一九八五年）
島村圭一「宇都宮等綱に関する一考察」（江田郁夫編著『下野宇都宮氏』所収、戎光祥出版、二〇一一年、

初出一九九二年）
清水克行「結城政勝と『結城氏新法度』―大名と家臣たち―」（清水『戦国大名と分国法』所収、岩波書店、二〇一八年）
清水克行『室町は今日もハードボイルド―日本中世のアナーキーな世界』（新潮社、二〇二一年）
新川武紀「『主君』銘のある板碑」（『(栃木)県史だより』三九号、一九七八年）
新川武紀「惣領制の解体と関東の動乱」（『栃木県史』通史編3・中世第一節、栃木県、一九八四年）
新川武紀「文化・学芸・芸能」（前掲『栃木県史』通史編3・中世第四章第五節二）
高木昭作「『佐八文書』について」（『(栃木)県史だより』八号、一九七〇年）
高木昭作「伊勢神宮御師佐八氏と下野の武士」（前掲『栃木県史』通史編3・中世第五章第五節）
竹井英文「天正一〇年前後の下野国の政治情勢に関する一考察―那須資晴の動向を中心に―」（『千葉史学』八一号、二〇二二年）
千田孝明「下野武士と伊勢信仰」（『高根沢町史』通史編I自然原始古代中世近世第三編第四章第二節、高根沢町、二〇〇〇年）
月井剛「〔史料紹介〕大庵寺『念仏日記』」（『栃木県立文書館研究紀要』一八号、二〇一四年）
月井剛「戦国時代の女性名」（『(栃木県立)文書館だより』五六号、二〇一四年）
月井剛「大庵寺『念仏日記』の基礎的考察―人名の分析を中心に―」（『栃木県立文書館研究紀要』二〇号、二〇一六年）

角田文衛『日本の女性名（上）』（教育社、一九八五年）
津野倫明「宇都宮氏改易の理由」（『戦国史研究』八一号、二〇二一年）
栃木県立博物館「長沼氏・皆川氏の歴史」（承久の乱八〇〇周年記念『長沼氏から皆川氏へ～皆川文書でたどるその足跡～』所収、二〇二一年）
長嶋元重「氏家地方の河原石塔婆」（『下野の文化財』六号、一九七二年）
永村眞「〝神官御家人〟宇都宮氏と弘安式条の世界」（前掲『栃木県史』通史編3・中世第二章第四節）
藤木久志「大名領国制論」（藤木『戦国大名の権力構造』所収、吉川弘文館、一九八七年、初出一九七五年）
藤本祐子「『宇都宮家弘安式条』の条文構成とその意味」（前掲江田郁夫編著『下野宇都宮氏』所収、初出一九九三年）
本郷和人『「失敗」の日本史』（中央公論新社、二〇二一年）
松本一夫「小山義政の乱後における下野支配の特質」（松本『東国守護の歴史的特質』所収、岩田書院、二〇〇一年、初出一九九三年）
松本一夫「終章」（前掲松本『東国守護の歴史的特質』所収）
皆川義孝「戦国期下野の伊勢信仰に関する一考察」（駒澤大学『史学論集』二八号、一九八九年）
村井章介「『新法度』にみる戦国期結城領の構造」（前掲荒川善夫編著『下総結城氏』所収、初出一九七九年）
山田邦明『上杉謙信』（吉川弘文館、二〇二〇年）
渡辺武『戦国のゲルニカ―「大坂夏の陣図屏風」読み解き』（新日本出版社、二〇一五年）

和久井紀明「栃木県の板碑」（『南河内町史』通史編古代・中世所収中世編Ⅲ第一章第一節、南河内町、一九九八年）
渡部正俊「関東動乱と長沼氏」（『田島町史』第1巻通史原始・古代・中世・近世初期第三章第三節1、田島町、一九八五年）
渡辺竜史「下野北部に於ける自然石板碑」（『栃木県考古学会誌』一五集、一九九三年）
渡辺龍瑞「下野那須郡の板碑」（『史迹と美術』一九七号、一九四九年）

〔史料集〕

『足尾地域歴史資料集（中世）』（日光市歴史民俗資料館）
『足利学校―日本最古の学校　学びの心とその流れ―』（足利市立美術館）
『小山市史』史料編・中世（小山市）
『宇都宮市史』第二巻中世史料編（宇都宮市）
『宇都宮二荒山神社誌』資料編（宇都宮二荒山神社）
『鹿沼市史』資料編古代・中世（鹿沼市）
『喜連川町史』第二巻資料編2古代・中世（喜連川町）
『高根沢町史』史料編Ⅰ原始古代・中世（高根沢町）
『二宮町史』史料編Ⅰ考古・古代中世（二宮町）

『芳賀町史』史料編古代・中世（芳賀町）
『南河内町史』史料編2古代・中世（南河内町）
『栃木県史』史料編・中世一（栃木県）
『栃木県史』史料編・中世二（栃木県）
『栃木県史』史料編・中世四（栃木県）
『栃木県史』史料編・中世五（栃木県）
『下野國誌』（関東史料研究会）
『牛久市史料』中世Ⅱ記録編（牛久市）
『館林市史』資料編2中世佐貫荘と戦国の館林（館林市）
『鉾田町史』中世史料編・鉾田氏史料（鉾田町）
『結城市史』第一巻古代中世史料編（結城市）
『結城市史』第四巻古代中世通史編（結城市、「新法度」の現代語訳を収録）
『群馬県史』資料編5中世1（群馬県）
『群馬県史』資料編7中世3編年史料2（群馬県）
『越佐史料』巻四（三秀舍）
『鎌倉遺文』古文書編第十一巻（東京堂出版）
『戦国遺文』下野編第一巻（東京堂出版）

『戦国遺文』下野編第二巻（東京堂出版）
『戦国遺文』下野編第三巻（東京堂出版）
『群書類従』第一輯神祇部（続群書類従完成会）
『史料纂集　義演准后日記』第一（続群書類従完成会）
『神宮古典籍影印叢刊6　神宮神領記』（八木書店）
『新校群書類従』第一巻神祇部（全）（名著普及会）
『中世政治社会思想』上（岩波書店）
『中世法制史料集』第一巻鎌倉幕府法（岩波書店）
『中世法制史料集』第三巻武家家法Ⅰ（岩波書店）
『武徳編年集成』上巻（名著出版）
『フロイス日本史』1（中央公論社）

著者略歴　荒川 善夫

1954年2月　栃木県壬生町生まれ。
1977年3月　宇都宮大学教育学部社会科卒業。
1977年4月から2014年3月
　茂木高校を振り出しに栃木県立高校の教員として勤務。途中，栃木県立文書館（10年間）・栃木県立博物館（5年間）に勤務。小山市史・野木町史・南河内町史・鹿沼市史・西方町史の中世部会の委員として栃木県内自治体史の編纂に携わる。
2002年3月　中央大学大学院文学研究科で博士（史学）を取得。
2014年4月　栃木県立文書館に勤務（現在に至る。古文書管理員）

主な著書

『戦国期北関東の地域権力』（単著、岩田書院，1997年）
『戦国期東国の権力構造』（単著，岩田書院，2002年）
『戦国期東国の権力と社会』（単著，岩田書院，2012年）
『戦国遺文』下野編第一巻・第二巻・第三巻（共著，東京堂出版，2017年・2018年・2019年）
『戦国・近世初期の下野世界』（単著、東京堂出版、2021年）

下野の中世社会

現代との比較で知るその特質

2023年6月2日初版　第1刷発行

著　者　荒川 善夫
発　行　下野新聞社
〒320-8686 栃木県宇都宮市昭和1-8-11
電　話 028-625-1135（編集出版部）
F A X 028-625-9619
https://www.shimotsuke.co.jp/
装　丁　㈱コンパス・ポイント
印　刷　㈱シナノパブリッシングプレス